水渭松 注譯
陳滿銘 校閱

新譯尸子讀本

三民書局 印行

刊印古籍今注新譯叢書緣起

劉振強

人類歷史發展，每至偏執一端，往而不返的關頭，總有一股新興的反本運動繼起，要求回顧過往的源頭，從中汲取新生的創造力量。孔子所謂的述而不作，溫故知新，以及西方文藝復興所強調的再生精神，都體現了創造源頭這股日新不竭的力量。古典之所以重要，古籍之所以不可不讀，正在這層尋本與啟示的意義上。處於現代世界而倡言讀古書，並不是迷信傳統，更不是故步自封；而是當我們愈懂得聆聽來自根源的聲音，我們就愈懂得如何向歷史追問，也就愈能夠清醒正對當世的苦厄。要擴大心量，冥契古今心靈，會通宇宙精神，不能不由學會讀古書這一層根本的工夫做起。

基於這樣的想法，本局自草創以來，即懷著注譯傳統重要典籍的理想，由第一部的四書做起，希望藉由文字障礙的掃除，幫助有心的讀者，打開禁錮於古老話語中的豐沛寶藏。我們工作的原則是「兼取諸家，直注明解」。一方面熔鑄眾說，擇善而從；一方面也力求明白可喻，達到學術普及化的要求。叢書自陸續出刊以來，頗受各界的喜愛，使我們得到很大的鼓勵，也有信心繼續推廣這項工作。隨著海峽兩岸的交流，我們注譯的成員，也由臺灣各大學的教授，擴及大陸各有專長的學者。陣容的充實，使我們有更多的資源，整理更多樣化的古籍。兼採經、史、子、集四部的要典，重拾對通才器識的重視，將是我們進一步工作的目標。

古籍的注譯，固然是一件繁難的工作，但其實也只是整個工作的開端而已，最後的完成與意義的賦予，全賴讀者的閱讀與自得自證。我們期望這項工作能有助於為世界文化的未來匯流，注入一股源頭活水；也希望各界博雅君子不吝指正，讓我們的步伐能夠更堅穩地走下去。

新譯尸子讀本 目次

導讀

一

尸子，名佼，是我國戰國時期的一位學者。其人最早見述於司馬遷《史記・孟子荀卿列傳》，云：「楚有尸子、長盧。」但只說他是楚人，餘皆略而不言。其後劉向《別錄》則云：「司馬遷言『楚有尸子』，疑謂其在蜀。今案：《尸子》書，晉人也，名佼，秦相衛鞅客也。鞅謀事劃計，立法理民，未嘗不與佼規也。商君被刑，佼恐並誅，乃亡逃入蜀。自為造此二十篇書，凡六萬餘言，卒因葬蜀。」（裴駰《集解》引）劉氏之言，使我們得以知道尸子生平的主要經歷與其著述之情況。班固《漢書・藝文志》「雜家」類有「《尸子》二十篇」。自注云：「名佼，魯人，秦相商君師之。鞅死，佼逃入蜀。」指其為「魯人」，與劉氏異。尸佼究為晉人，抑或魯人，或如宋翔鳳所云：「『晉』乃『魯』之誤。」由於缺乏可資論證的根據，故只能暫付闕如。

劉向所言，另為我們了解尸子的學術思想及其演變提供了有益的線索。尸佼本為商鞅之賓客，是商鞅在秦實行變法的得力顧問，則其學術思想無疑當屬法家。商鞅被誅而佼亡命於蜀，然後撰著其二十篇之書。班固《漢書·藝文志》將其書歸入「雜家」。所謂「雜家」，如班氏所云，乃「兼儒墨，合名法，知國體之有此，見王道之無不貫」。據今所傳《尸子》觀之，正與之相合。有鑒於此，我們似可作這樣的推測：尸佼本為法家，及至商鞅罹難之後，使他對法家思想進行反思，發現了其中的不足與弊害，因此變而吸收各家之所長，將之融為一體，從而實現了他學術思想上的重要轉折。

商鞅是戰國時期著名的改革家。他自西元前三五六年被秦孝公任為左庶長而在秦國全面推行變法，至前三三八年孝公死而慘遭車裂為止，前後共十八年時間。在這十八年中，尸佼是否一直作為商鞅的高級參謀，已不可知。然而，有一點是可以肯定的，即尸子在學術思想上曾給商鞅以一定的影響。這從今所傳《尸子》與《商君書》（此書非商鞅自撰，而出於法家者流掇拾商鞅餘論而成）中是可以窺見其端倪的。如尸子對於君主之治國，十分強調正名分，這一點，在〈發蒙〉中說：「明王之所以與臣下交者，少審名分，群臣莫敢不盡力竭智矣。天下之可治，分成也；是非之可辨，名定也。」「正名以御之，則堯舜之智必盡矣；明分以示之，則桀紂之暴必止矣。」又云：「治天下之要，在於正名。」商鞅亦注重名分，《商君書》中有〈定分〉云：「故聖人必為法令置官也，置吏也，為天下師，所以定名分也。名分定，則大詐貞信，民皆愿慤，而各自治也。故夫名分定，勢治之道也；名分不定，勢亂之道也。」可見他們是一脈相承的。

然以《尸子》之總體思想而論，則分明是「兼儒墨，合名法」的。

如他對於孔子是推崇的，並多方面吸取了儒學之所長。在〈勸學〉中稱讚孔子是使人至善成材的賢師。他多處將孔子之言作為至理之言加以引述（見〈處道〉等篇）。儒家認為君主治天下當先行修身。此為尸子所重視，故他在〈明堂〉中說：「聖王謹修其身以君天下。」〈處道〉又引述孔子之言：「得之身者得之民，失之身者失之民。」〈四儀〉中則以「仁義忠信」作為為人之「四儀」，並言「慎守四儀以終其身，名功之從之也」。在〈恕〉更將孔子的「己所不欲，勿施於人」之恕道奉為為人處事的典則。儒家特別注重民心，認為民心向背關乎興衰存亡。尸子於此亦有所取法。如云：「天子忘民則滅，諸侯忘民則亡。」「務成昭之教舜曰：『避天下之逆，從天下之順，天下不足取也；避天下之順，從天下之逆，天下不足失也。』」（皆見佚文）此外，他還主張以「孝親」、「忠君」、「信義」去觀人之品行（見〈分〉）。顯然，這正是儒家所倡導的品行。凡此，可見他吸取儒家思想是多方面的。若以分量而論，則它在今所傳之《尸子》中的比重也是較大的。《後漢書・宦者列傳・呂強傳》唐章懷太子李賢注云：尸子「作書二十篇，十九篇陳道德仁義之紀」。可見原本《尸子》亦復如是。然而，尸子對於孔子亦有貶辭。〈廣〉以「孔子貴公」為「弇於私」之弊。此所謂「貴公」，即貴君，是以君為貴之意。尸子以為若能秉之公心，則能以天下為貴了。

尸子也推崇墨子為賢者（見〈貴言〉），而他對於墨子「兼愛」思想的吸取與闡發更令人矚目。「兼愛」是墨子學術思想的核心。他主張人與人之間要相親相愛，反對人為「自利心」所驅使，而做出損害他人、他家、他國的行為。尸子承此意而云：人無「公心」，則必致「匹夫愛其宅，不愛其鄰；諸侯愛其國，不愛其敵」之結果。因此，他主張要律以「公心」，具有「兼天下而愛之」的心胸。另外，墨子言「愛」而注重實「利」，將「愛」落實於「利」，以「利」來體現「愛」。這是墨子「兼愛」思想的一大特色。如〈天志中〉云：「愛人利人，順天之意。」〈魯問〉云：「愛利百姓」等。尸子於此，亦深會其意，而云：「夫愛民，且利之也。愛而不利，則非慈母之德也。」（〈發蒙〉）又云：「舜兼愛百姓，務利天下。」（〈君治〉）「愛天下欲其賢己也，人利之與我利之無擇也。」（〈治天下〉）尸子與孟子同時，在孟子斥罵墨子「兼愛」之說為「禽獸」之道的時候，尸子對之卻有如此識見，亦是難能可貴的了。能行「兼愛」，必由「公心」，此理易明。然尸子卻云：「墨子貴兼」，亦為「弇於私」。此當為失言。《尸子》中有〈止楚師〉一篇，記述墨子止楚攻宋的事跡並加以贊頌。於此，亦正可見尸子對於墨子兼愛無私精神的充分肯定。除此而外，墨子還主張「節葬」而抨擊世俗「厚葬久喪」之流弊。尸子亦云：「禹之治水，為喪法曰：『毀必杖，哀必三年。』是則水不救也。故死於陵者葬於陵，死於澤者葬於澤。桐棺三寸，制喪三日。舜西教於西戎，道死，葬南巴之中。衣衾三領，款木之棺，葛以緘之。」（見佚文）與「節葬」說幾無二致。

對於法家學說，尸子仍認為為治政所不可缺。故他除強調正名分，「以實覈名」而外，又極主行賞罰，並認為這是君主「獨斷」之權。他說：「是非隨名實，賞罰隨是非，是則有賞，非則有罰，人君之所獨斷也。」（〈發蒙〉）以為「刑罰」，對人民可起到「鞭策」之作用（見佚文）。

二

汪繼培云：「劉向《別錄》稱《尸子》書凡六萬餘言，今茲撰錄蓋十失八，可為嘆息。」《尸子》全貌已不可復睹，但僅據此十二之文，已可窺見其綜合各家所長的基本取向。

春秋戰國時期，百家爭鳴，蔚然成風，使我國學術界初次出現活躍繁榮的局面。然而，學派的形成，人囿於學派之見識而對別的學派採取不相容的態度，畢竟是有礙於學術之發展的，其弊端也是顯而易見的。在此種學術背景下，有能破除學派之壁壘，摒棄一家一派之偏見，而能站在高一層次的立場之上，宏觀而比較客觀公正地看待各家各派的長短曲直，從而取其所長而捨其所短，則不能不說是有識之士的卓異之處，而大有益於學術之發展。所謂「雜家」，就其主體而言，正是適應此種要求而產生的一個新的派別。尸子所論，固然不可能事事皆是，然而這種嘗試與開拓，畢竟是可貴的，在基本上也是成功的。

《尸子》本二十篇。《隋書．經籍志》云：「《尸子》二十卷，其九篇亡，魏黃初中續。」此書唐時尚全，故《舊唐書．經籍志》、《新唐書．藝文志》「雜家類」均有「《尸子》二十卷」。但書至宋而殘缺。《宋史．藝文志》將之列於「儒家類」而僅為「一卷」。南宋尤袤《遂初堂書目》有《尸子》，但不著卷數。此後，則散佚不存。時至清乾隆年間，有任兆麟校本《尸子》刊行。是書乃以其家傳之〈仁意〉、〈君治〉、〈廣釋〉（《爾雅》疏引作〈廣澤〉，任云：「徐廣曰：『古「釋」字作「澤」也。』」）三篇本為主，復取見於惠棟鈔本而為舊本所未見者，以及采錄見於群書之文，編為〈附錄〉一卷。嘉慶時，又有孫星衍等所編的《尸子集本》刻行。孫本所收錄者，一為見於魏徵等所編《群書治要》之〈勸學〉等十三篇；一為見於歸有光所編《諸子彙函》之〈止楚師〉、〈君治〉二篇；再為見於《爾雅》注疏與他書引文。比之於任本，可為詳備。稍後，又有汪繼培湖海樓本問世。其自序云：「繼培初讀其書，就所攬掇，表識出處，糾拾遺謬，是正文字。後得惠、孫之書，以相比校，頗復有所疑異，迺集平昔疏記，稍加釐訂。以《群書治要》所載為上卷，諸書稱引與之同者分注於下，其不載《治要》而散見諸書者為下卷。引用違錯及各本誤收者，別為〈存疑〉附於後。」

今比較孫本、汪本，優劣互存。汪本雖有所釐訂，然亦有失誤。故本書所用正文，以得原文之真者為準，而不拘於一家。全書之編次，則依孫本，以十五篇據前而佚文次後。佚文之次序，亦依孫本。其中孫、汪二本皆缺而獨存於任本者，則補錄於後，以使《尸子》之遺篇佚文而尚存者，略備於此。

水渭松

一九九五年十一月

寫於杭州寶善橋寓舍

勸學

【題解】

勸學，即勉勵人們學習的意思。文中闡述，人只有依靠勤奮學習、刻苦磨練，才能深明道義，提高自己的才智與德行，從而成為一個有高人之行而大有益於社會的知名人士。反之，如若棄而不學，則無疑是自毀其才德。文中同時論述，為學必須注重德行，認為人之可貴者在其德行，而不是其爵位。唯有德行高尚，才能造福於社會，並流芳百世。

學不倦，所以治己❶也。教不厭，所以治人也。夫繭，舍而不治❷，則腐蠹❸而棄。使女工繅❹之，以為美錦，大君服而朝之❺。身者繭也，舍而不治則知行❻腐蠹。使賢者教之，以為世士❼，則天下諸侯莫敢不敬。是故，子路，卞之野人❽；子貢，衛之賈人❾；顏涿聚，盜也❿；顓孫師，駔也⓫：孔子⓬教之，皆為顯士⓭。夫學，譬之猶礪⓮也。昆吾之金⓯，而銖父之錫⓰，使干越⓱之工鑄之以為劍，而弗加砥礪⓲，則以刺不入，以擊不斷。磨之以礱礪⓳，加之以黃砥⓴，則其刺也無前㉑，其擊也無下。自是觀之，礪之與弗礪，其相去遠矣。今人皆知礪其劍，而弗知礪其身，夫學，身之礪砥也。

【章旨】

以繭之繅與不繅、劍之磨與不磨會造成兩種相反的結果為喻，明白告誡人們，只有得到賢師教導，不知厭倦地學習磨練，才能成為有用之材。

【注釋】

❶治己　磨練自己。

❷舍而不治　棄置而不繅。舍，通「捨」。棄置。

❸腐蠹　蠶繭腐朽；蛹成蛾，破繭而出。蠹，本指蛀蟲，或東西被蛀蝕。

❹繅　從繭中抽絲。

❺大君服而朝之　指天子穿上美錦之衣會見群臣。大君，天子。服，穿衣。朝，此指天子會見百官群臣。

❻**知行** 智慮與德行。知，通「智」。

❼**世士** 當世知名人士。

❽**子路卞之野人** 指子路是郊野卞邑之人。子路，姓仲名由，字子路，春秋魯人。孔子弟子。卞，魯邑，在今山東泗水東五十里。野人，郊野之人。

❾**子貢衛之賈人** 指子貢是衛國的商人。子貢，姓端木名賜，字子貢，春秋衛人。孔子弟子。善行商謀利，家累千金。曾相魯、衛。衛，周分封諸侯國名，其地在今河南黃河以北地區。賈人，商人。

❿**顏涿聚盜也** 指顏涿聚本為盜人。《呂氏春秋・尊師》云：「顏涿聚，梁父（泰山之北的一座小山，在今山東新泰西）之大盜也，學於孔子。」案：顏涿聚其人及學於孔子事不詳。

⓫**顓孫師駔也** 指顓孫師是商場的經紀人。顓孫師，姓顓孫名師，字子張，春秋陳人。孔子弟子。駔，市儈，猶今日商場之經紀人。案：顓孫師為駔事不詳，《史記・仲尼弟子列傳》未載。

⓬**孔子** 名丘，字仲尼，春秋魯人。魯定公時曾任中都宰、司寇等職，因不滿執政者季桓子而出遊列國，又不為時君所用而不得已返歸於魯。他長期聚徒講學，傳說有弟子三千人，身通六藝者七十二人。他是我國儒家學派的創始人。

⓭**顯士** 知名人士。

⑭**礪** 本意為磨石，引申為磨。

⑮**昆吾之金** 昆吾山之銅。昆吾，傳說中之山名。《山海經·中山經》：「昆吾之山，其上多赤銅。」金，指銅。

⑯**而銖父之錫** 與產自銖父之錫。而，猶「與」。銖父，地名，未詳所在。

⑰**干越** 猶言吳越。干，即邗，古國名，其地在今江蘇江都。後為吳所併吞，故吳亦稱「干」。越，古國名，其地域在今浙江北部，以及毗鄰的江蘇、安徽、江西的部分地區。古時吳越鑄劍工人技術精湛，著稱天下。

⑱**砥礪** 皆指磨石，砥細而礪粗。在此引申為磨。

⑲**礱礪** 粗磨石。

⑳**黃砥** 細磨石。

㉑**無前** 前無完物。

【語譯】

不厭倦地學習，這是用來磨練自己的方法。不厭倦地教導，這是用來磨練他人的方法。繭子，如果放著不繅治，就會腐朽出蛾而被拋棄。如果讓女工去繅治，就會成為美麗的錦緞，讓天子穿上用它縫製的衣服在朝廷會見百官群臣。人的身子就如同繭子，「放著不繅治」，那麼他的才智與德行也會「腐朽出蛾」。讓賢人教導他，就會成為當世的知名人士，天下的諸侯就不敢不敬重他。由於這樣的緣故，所以，子路，是魯郊卞邑之人；子貢，是衛國的商人；顏涿聚，是盜人；顓孫師，是市場的經紀人：他們得到了孔子的教導，都成為知名人士。學習，打譬喻說，好比磨礪。把產自昆吾山的銅，與銖父的錫，讓吳越的工人將兩者熔鑄製成了劍，卻不去磨礪它，那麼，用它來刺東西就刺不進，用它來斬東西就斬不斷。假如先用粗磨石來磨，再用細磨石來磨，那麼，用它來刺就前無完物，用它來斬就下無完物。由此看來，劍的磨與不磨，它的功效是相差很遠的。現今人們都知道磨其劍，卻不知道磨練其身。學習，就是身子的磨練啊。

夫子❶曰：「車，唯恐地之不堅也；舟，唯恐水之不深也。有其器，則以人之難為易。夫道，以人之難為易也。」是故曾子❷曰：「父母愛之，喜而不忘；父母惡之，懼而無怨❸。」然則愛與惡，其於成孝無擇❹也。史鰌❺曰：「君親而近之，至敬以遜；貌❻而疏之，敬無怨。」然則親與疏，其於成忠無擇也。孔子曰：「自娛於檃栝之中❼，直己而不直人❽，以善廢而不邑邑❾：蘧伯玉❿之行也。」然則興與廢，其於成善無擇也。屈侯附⓫曰：「賢者易知也：觀其富之所分，達之所進，窮之所不取。」然則窮與達，其於成賢無擇也。是故愛惡、親疏、廢興、窮達，皆可以成義，有其器也。

【章　旨】

指出為學，要在心中確立「孝」、「忠」、「善」、「賢」的道義準則，才會有高人之德行。

【注　釋】

❶夫子　是對師長的尊稱。此所指不明。

❷曾子　名參，字子輿，春秋魯人。孔子弟子。傳說他事親盡孝。《史記‧仲尼弟子列傳》云：「孔子以為能通孝道，故授之業，作《孝經》。」

❸無怨　張之純《評注諸子菁華錄‧尸子》云：「原本『怨』作『咎』，今從〈曾子大孝〉（案：見《大戴禮記》）更正。」案：張說是。

❹無擇　無區別。

❺**史鰌** 字子魚，春秋衛大夫。以正直敢諫盡忠著名。相傳他死前遺命，以尸諫衛靈公黜幸臣彌子瑕而進賢者蘧伯玉。

❻**貌** 通「藐」。遠。

❼**自娛於檃栝之中** 指在法度範圍之內自樂。檃栝，用以矯正竹木彎曲的工具。此處借指法度。

❽**直己而不直人** 指但求自己正直而不糾正他人。

❾**以善廢而不邑邑** 以善意看待被廢黜而不抑鬱不安。邑邑，通「悒悒」。抑鬱不安。

❿**蘧伯玉** 名瑗，字伯玉，衛國大夫。孔子弟子，年五十而知四十九年之非，然雖賢而不為衛靈公所用。

⓫**屈侯附** 複姓屈侯，名附。附，或作「鮒」。戰國初人。曾為翟璜所薦，而為魏文侯子之傅。

【語　譯】

夫子說：「車子，唯恐地面不堅固；船隻，唯恐水層不深。有器物作憑藉，就能把別人認為困難的事變成容易。而道義，正能把別人認為困難的事變成容易。」因此曾子說：「父母喜愛我，我高興而不忘；父母厭惡我，我恐懼而不怨。」能夠這樣，那麼喜愛與厭惡，兩者對於達到孝是沒有區別的。史鰌說：「君主親近我，我十分恭敬而謙遜；君主藐視而疏遠我，我恭敬而不怨。」能夠這樣，那麼親近與疏遠，兩者對於達到忠是沒有區別的。孔子說：「在法度之內自樂，使自己正直而不去糾正別人，以善意看待被廢黜而不抑鬱不安：這是蘧伯玉的品行。」能夠這樣，那麼起用與廢黜，兩者對於達到善是沒有區別的。屈侯附說：「賢人是容易知道的：觀察他富有時將財物分給了誰，通達時推舉了誰，窮困時又不取什麼。」能夠這樣，那麼窮困與通達，兩者對於達到賢是沒有區別的。因此，喜愛厭惡、親近疏遠、廢黜起用、窮困通達，都可以達到義，這是由於有「器」的緣故。

桓公之舉管仲❶，穆公之舉百里❷，比其德也。此所以國甚僻小，身至穢污❸，而為政❹於天下也。今非比志意也，而比容貌；非比德行也，而論爵列❺。亦可❻以卻敵服遠矣。農夫比粟，商賈比財，列士[7]比義。是故監門[8]、逆旅[9]、農夫、陶人皆得與[10]焉。爵列，私貴也；德行，公貴也。奚以[11]知其然也？司城子罕遇乘封人而下[12]。其僕[13]曰：「乘封人也，奚為下之？」子罕曰：「古之所謂良人者，良其行也；貴人者，貴其心也。今天爵而人[14]，良其行而貴其心，吾敢弗敬乎！」以是觀之，古之所謂貴，非爵列也；所謂良，非先故[15]也。人君貴於一國，而不達於天下；天子貴於一世，而不達於後世。惟德行與天地相弊[16]也。爵列者，德行之舍也，其所息也[17]。《詩》[18]曰：「蔽芾甘棠，勿翦勿敗，召伯所憩[19]。」仁者之所息，人不敢敗也。天子諸侯，人之所以貴也，桀紂處之則賤矣。是故曰：爵列，非貴也。今天下貴爵列而賤德行，是貴甘棠而賤召伯也，亦反矣。夫德義也者，視之弗見，聽之弗聞，天地以正，萬物以遍[20]，無爵而貴，不祿而尊也。

【章旨】

論述所當看重者是德行而非爵位，因為只有德行高尚才可致治世之功，而影響深遠。

【注釋】

❶桓公之舉管仲　指齊桓公舉用管仲。桓公，姜姓，名小白，春秋齊國國君，為春秋五霸之首。管仲，名夷吾，字仲，春秋齊人。西元前六八六年，齊內亂，公孫無知篡弒襄公自立，於是管仲奉公子糾奔魯，鮑叔奉公子小白奔莒。次年，無知被殺，公子糾與小白在返齊途中相爭戰，管仲發箭射中小白衣鉤。小白佯死，先入齊為君主。隨後迫魯殺公子糾，交出管仲。管仲請囚。因得鮑叔推薦，桓公便任管仲為卿，委以國政。管仲改革內政，富國強兵，九合諸

侯，一匡天下，使桓公成就霸業。齊國之地域，在今山東北部、東部等。

❷**穆公之舉百里**　指秦穆公舉用百里奚。穆公，嬴姓，名任公，春秋秦國國君，為春秋五霸之一。百里，指百里奚。春秋虞人，為大夫。晉滅虞，被作為晉獻公之女的陪嫁奴僕而相隨入秦，奚引以為恥而逃亡，至宛被楚人所執。穆公聞其賢，以五羖羊皮贖之，並任用為相。後與蹇叔、丕豹、公孫支等賢臣共輔穆公成霸業。秦國之地域，在今陝西省地。

❸**穢污**　猶卑微。此指管仲與百里奚而言，因管仲曾為囚徒，而百里奚曾為陪嫁奴僕，並贖以五羖皮。

❹**為政**　把持權力，實施整治。

❺**爵列**　爵位之等級。

❻**可**　汪繼培云：「『可』上疑脫『不』字。」是。

❼**烈士**　重義輕生之人。

❽**監門**　守門小吏。

❾**逆旅**　客舍主人。

❿**與**　參與。

⓫**奚以**　何以。

⑫司城子罕遇乘封人而下　是說司城子罕路遇乘地邊境官員而下車。司城子罕，即春秋時宋臣樂喜，字子罕。司城為官名，即司空。春秋時因宋武公名司空，於是改司空為司城。西元前五六四年樂喜為司城，故稱司城子罕。乘，疑為宋邊邑名。封人，邊境之官名。下，下車。

⑬僕　御車者。

⑭天爵而人　指其人有可尊的德義。天爵，德義可尊，自然可貴。《孟子・告子上》云：「有天爵者，有人爵者。仁義忠信，樂善不倦，此天爵也。公卿大夫，此人爵也。」而，猶「其」。

⑮先故　故舊。

⑯相弊　相盡；相始終。

⑰爵列者三句　指爵列是體現德行的歸屬。舍，所歸之處所，指其人。息，止。

⑱詩　即《詩經》。是反映自西周初年至春秋中葉之社會生活的我國最早的一部詩歌總集。

⑲蔽芾甘棠三句　是說茂盛的甘棠樹，不可去砍伐毀壞它，它是召伯休息之處。蔽芾，茂盛貌。甘棠，喬木名，亦稱棠梨，果實可食。翦，同「剪」。召伯，姬姓，名奭，周武王之臣，因封於召，故稱召伯或召公。周成王時，與周公旦分陝而治。憩，息。所引詩句見《詩經・召南・甘棠》。傳說周武王時，召伯巡行南國，曾息於甘棠樹下，後人懷念其德而作此詩。

⑳天地以正二句　指天地因而得正，並遍及萬物。下〈處道〉云：「德者，天地萬物得也；義

者，天地萬物宜也；禮者，天地萬物體也。使天地萬物皆得其宜、當其體者謂之大仁。」可相參照。

【語　譯】

齊桓公舉用管仲，秦穆公舉用百里奚，是考量他們的德行。因此，雖然國土甚為偏僻狹小，而人也陷於極其卑微的境地，卻終於使自己號令天下。現在不是考量人的志向，而是考量容貌；不是考量德行，而是講究爵位的等級。這就不能使敵人退卻，使遠方之人順從了。農夫是比糧食，商人是比財貨，輕生重義的人是比道義。因此，守門小吏、客店主人、農夫和製陶工人都能參與這個行列。爵位等級，是私自所貴的；德行，是公眾所貴的。憑什麼知道如此？司城子罕路遇乘邑邊境官員就下車。為他駕車的人說：「是乘邑邊境官員，為何要下車？」子罕說：「古時所說的賢良人，是認為他們的品行賢良；所說的高貴人，是認為他們的心地高貴。現在他德義可尊，品行賢良，心地高貴，我豈敢不敬重他！」從這件事來看，古時所謂的高貴，不是指爵位等級，所謂的賢良，不是由於故舊。君主在一國處於高貴的地位，卻不能達到在天下都高貴的境地；天子在其當政的一代高貴，卻不能達到在後代也高貴的地步。只有德行才與天地相始終。爵位等級，是體現德行的歸屬。《詩經》說：「茂盛的甘棠樹，不可去砍伐毀壞，它是召伯休息的地方。」仁者休息的地方，人們不敢去毀壞它。天子諸侯，是為人們所尊貴的爵位，夏桀、商紂處在這爵位上，人們就輕賤它了。因此說：爵位等級，不是高貴的。現今天下貴重爵位等級而輕賤德行，這是貴重甘棠而輕賤召伯，就和古代相反了。德義，雖然視而不見，聽而不聞，卻使天地得正，遍及萬物，沒有爵位卻高貴，沒有俸祿卻受到尊崇。

鹿馳走無顧，六馬不能望其塵，所以及者，顧也。土積成嶽❶，則楩枏豫章❷生焉。水積成川，則吞舟之魚生焉。夫學之積也，亦有所生也。未有不因學而鑒道❸，不假學❹而光身❺者也。

【章旨】

本章文字本在佚文部分，今從汪繼培之意附錄於〈勸學〉。作者在此，用譬喻說明學習要專心致意和積累，這樣就必然會獲得成效，即既能明道，又可贏得榮耀。

【注釋】

❶嶽　高山。
❷梗柟豫章　皆木名。梗，南方喬木名。柟，同「楠」。亦南方喬木名。豫章，即樟樹。
❸鑒道　明道。
❹假學　憑藉學習。假，通「借」。
❺光身　使自身獲得榮耀。

【語譯】

鹿往前奔走而不回頭看，那麼即使六匹馬追趕牠，也不能望其後塵；牠所以被追趕上，是由於回頭看的緣故。土堆積成高山，就會生長出楩、楠、樟等大樹。水匯集而成河，就會生出吞沒船隻的大魚。學習的積累，也會產生成效。還不曾有過不依靠學習而明道，不憑藉學習而使自己獲得榮耀的事情。

貴言

【題解】

貴言，是以有益之言為貴的意思。文中說明，有益之言，乃無價之寶。此外，又論及在政治上所以會有天下一統、令行禁止，或與之相反的情況，關鍵在於統治者是否能將道義作為行為的準則。最後則說明，唯有聖賢，才深明治世之道，故能察覺並消弭災禍於未起，而能出神入化地造福於社會，然而眾人對他卻不知感恩戴德。

范獻子從晉侯遊於河❶，大夫皆在。君曰：「孰知欒氏之子❷？」大夫莫答。舟人清涓舍檝❸而答曰：「君奚問欒氏之子為❹？」君曰：「自吾亡欒氏也，其老者未死，而少者壯矣，吾是以問之。」清涓曰：「君善修晉國之政，內得大夫而外不失百姓，雖欒氏之子其若君何❺？君若不修晉國之政，內不得大夫而外失百姓，則舟中之人皆欒氏之子也。」君曰：「善哉言！」明日朝，令賜舟人清涓田萬畝，清涓辭。君曰：「以此田也，易彼言也，子尚喪❻，寡人猶得也。」古之貴言也若此。

【章旨】

舟人清涓之言表現了他的卓識，以為國君能修明政治，深得人心，就可立於不敗之地。不然，則眾叛親離，人皆為敵。此言對晉平公頗有啟示，故給予重賜。

【注釋】

❶范獻子從晉侯遊於河　范獻子相隨晉侯遊於黃河。「從晉侯」三字為張之純所補。張云：「三字原本脫落，若不增補，則下文七『君』字、一『寡人』俱無著。」案：張說是，今從補。范獻子，晉臣。亦稱士鞅、范叔、范鞅。西元前五五九年，晉與諸侯攻秦，無功而還。范獻子與欒黶之弟欒鍼恥於未立功而馳入秦軍，結果鍼戰死而獻子獨還。黶於是責讓並驅逐獻子，獻子奔秦。後雖因秦請而獻子得以返晉，然由此而怨恨欒氏。晉侯，即晉平公。晉為周分封諸侯國，其疆域原在今山西西南部，春秋時擴大到山西大部、河北西南、河南北部和陝西一角。

❷欒氏之子　指欒盈之餘屬。欒盈為黶之子。西元前五五二年黶死，盈之母與人私通，懼盈討讁，故向范宣子誣告盈將作亂。范宣子因而逐欒盈，盈奔楚。西元前五五〇年，盈潛入晉。

平公命范宣子討伐，盈敗死。欒氏黨族盡被殺，欒魴出奔宋。由於欒盈生前好施捨，士人多相歸附。平公懼欒氏餘屬會因此而謀反，故深以為憂。

❸舍檝　放下船槳。檝，船槳。

❹為　呢。

❺若君何　把你君主怎麼樣。

❻喪　失。

【語　譯】

范獻子相隨晉平公遊於黃河，大夫都在旁。國君說：「誰知道欒氏餘屬？」大夫中無人回答。船工清涓放下船槳回答說：「君主為何要問欒氏之餘屬呢？」國君說：「自從我滅亡欒氏之後，他們之中年老的還沒有死，而年少的已經長大了，因此問這事。」清涓說：「君主妥善地修明晉國的政治，在朝廷內得到大夫的擁護，在外不失民心，那麼即使欒氏餘屬在，他們會把你君主怎麼樣？假如不修明晉國的政治，在朝廷內得不到大夫的擁護，在外失去民心，那麼船中之人都是欒氏之餘屬了。」國君說：「說得好呀！」第二天會見群臣百官時，下令賞賜給船工清涓一萬畝田，清涓推辭。國君說：「用這田，交換那個話，你還有損失，我還有所得呢。」古時是如此的看重言論啊。

臣天下❶，一天下❷也。一天下者，令於天下則行，禁焉則止。桀紂令天下而不行，禁焉而不止，故不得臣也。目之所美，心以為不義，弗敢視也；口之所甘❸，心以為不義，弗敢食也；耳之所樂，心以為不義，弗敢聽也；身之所安，心以為不義，弗敢服❹也。然則令於天下而行禁焉而止者，心也。故曰：心者，身之君❺也。天子以天下受令於心，心不當，則天下禍；諸侯以國受令於心，心不當，則國亡；匹夫以身受令於心，心不當，則身為戮矣。

【章旨】

闡述在政治上所以會達到一統天下、令行禁止的成效，關鍵在於統治者能以道義作為行為的準則。假如違背道義，則不論何人都必定會遭受災禍。

【注釋】

❶臣天下　役使天下之人。臣，役使；統率。

❷一天下　一統天下。

❸所甘　味美的食物。

❹服　使用。

❺君　主宰。

【語譯】

能役使天下之人，就是一統天下。能一統天下的人，向天下發布命令就能執行，發布禁令就能制止。桀紂向天下發布命令卻不能執行，發布禁令卻不能制止，因此不能役使天下之人。眼睛以為美的東西，心裡卻以為看了不合道義，就不敢去看它；口以為味美的食物，心裡卻以為吃了不合道義，就不敢去吃它；耳以為快樂的東西，心裡卻以為聽了不合道義，就不敢去聽它；身子以為安適的東西，心裡卻以為使用了不合道義，就不敢去使用它。那就表明，向天下發布命令就能執行，發布禁令就能制止，是出於心的作用。因此說：心，是身子的主宰。天子使天下之人接受其心的指令，假如心本謬誤，那麼天下就會遭受禍害；諸侯使一國之人接受其心的指令，假如心本謬誤，那麼國家就會滅亡；普通人使自身接受心的指令，假如心本謬誤，那麼自身就會受到刑辱。

禍之始也易除。其除之不可者避之。及其成也，欲除之不可，欲避之不可。治於神❶者，其事少而功多。干霄之木❷，始若蘖❸，足易去也。及其成達❹也，百人用斧斤❺弗能僨❻也。熛火❼始起，易息也。及其焚雲夢❽、孟諸❾，雖以天下之役❿，抒江漢之水⓫，弗能救也。夫禍之始也，猶熛火、蘖足⓬也，易止也。及其措於大事⓭，雖孔子、墨翟⓮之賢弗能救也。屋焚而人救之，則知德之；年老者使塗隙戒突⓯，故終身無失火之患而不知德也。入於囹圄⓰，解於患難者則三族⓱德之；教之以仁義慈悌⓲則終身無患而莫之德。夫禍亦有突，賢者行天下而務塞之，則天下無兵患矣，而莫之知德也。故曰：聖人治於神，愚人爭於明也。

【章 旨】

指出聖賢能察覺並消弭禍害於未起，故「事少而功多」。愚人則不知防微杜漸，故陷身於禍患。

【注 釋】

❶治於神　消解禍害於尚不明顯的醞釀階段。神，隱微。
❷干霄之木　聳入雲天的大樹。
❸蘖　即「櫱」。木被砍伐後復生之枝條。
❹成達　長大。
❺斧斤　斧頭。斤，斧。
❻僨　砍倒。

❼熛火　火星。

❽雲夢　楚湖澤名。古雲夢本為兩個大澤，跨今湖北省境長江南北，江北為「雲」，江南為「夢」。

❾孟諸　即孟諸澤，古湖澤名。在今河南商丘東北、虞城西北。

❿天下之役　使天下人服役。

⓫抒江漢之水　取長江、漢水之水。抒，取。

⓬蘖足　汪繼培云：「『足』字衍。」是。

⓭措於大事　造成大禍。措，舉；成。

⓮墨翟　姓墨名翟，生於春秋、戰國之交，魯人，倡「兼愛」、「非攻」，是墨家學派的創始人。

⓯塗隙戒突　塗塞煙囪的縫隙防備火災。突，煙囪。

⓰囹圄　牢獄。

⓱三族　父族、母族、妻族。

⓲慈悌　慈愛孝悌之德。悌，善事兄長。

【語譯】

災禍初起時容易消除。不可消除的就迴避它。到了它形成之後，想消除也不能消除，想迴避也不能迴避了。能把禍害在尚不明顯的醞釀階段就消除掉的人，事情少而功勞多。聳入雲天的樹木，初生時像樹根萌生的蘖枝，用足就很容易把它去掉。到了它長大後，百人用斧頭砍也不能把它砍倒。火星初起容易熄滅，到了它焚燒雲夢、孟諸之時，即使使天下人服役，取來長江、漢水之水，也不能救了。災禍初起如同火星、蘖枝一樣，容易制止。到了造成大禍，那麼即使如孔子、墨翟般賢能，也不能救了。房屋起火而人們來救助，會知道感恩戴德；而年老的人讓他塗塞煙囪的縫隙防備災禍，從而使他終身無失火的禍患，卻不知道感恩戴德。人被關入牢獄之後，有誰能解除他的患難，那麼三族之人都會感恩戴德；然而教導他仁義慈愛孝悌之德，使他終身沒有禍患卻不感恩戴德。災禍也有它的「突」，賢人行於天下盡力地塗塞它的縫隙，使天下沒有戰爭災難卻不知道感恩戴德。所以說：聖人把禍害在尚不明顯的醞釀階段就消除掉，愚人則在禍害已分明之時尚在爭辯不已。

天地之道，莫見其所以長物而物長，莫見其所以亡物而物亡。聖人之道亦然：其興福❶也，人莫之見而福興矣；其除禍也，人莫之知而禍除矣。故曰神人。益天下以財為仁，勞天下以力為義，分❷天下以生為神。修先王之術，除禍難之本❸，使天下丈夫❹耕而食，婦人織而衣，皆得戴其首❺，父子相保❻。此其分萬物以生，益天下以財不可勝計也。神也者，萬物之始，萬事之紀❼也。

【章旨】

論聖人深明於治世之道，故能出神入化地造福於社會，為民眾興利除害，使百姓得以生存，財物豐盛，安居樂業。

【注釋】

❶興福 使利益興盛。
❷分 施與。
❸本 根源。
❹丈夫 男子。
❺戴其首 將東西頂在頭上行走。這是人們攜帶東西的一種方式。
❻相保 猶相安。
❼紀 綱紀，猶關鍵。

【語譯】

天地間存在著一種規律，人們沒有看到它是怎樣使物生長，而物卻在生長著；沒有看到它是怎樣使物消亡，而物卻在消亡著。聖人所掌握的治世法則也是這樣：他使利益充盈，人們還沒有看到他行事而利益已充盈了；他使禍害消除，人們還不知道有禍害，而禍害已消除了。因而將他稱為神人。用財物使天下人得益稱為仁，用力為天下人效勞稱為義，把生存施與天下人稱為神。學習先王治理國家的方法，消除禍難產生的根源，使天下的男子能夠耕種而食，婦女能夠紡織而穿衣，都能將東西頂在頭上行走，父子相安。這樣做，他把生存施與天下百姓，用財物使天下百姓得益的功德就無可盡計了。而這個神，是使萬物得以產生的原動力，也是使萬事得以成功的關鍵。

四儀

【題解】

四儀，指為人必須篤守的四個準則，即仁、義、忠、信。認為按此而行之終身，可以成就大功名。

行有四儀：一曰志動不忘仁；二曰智用不忘義；三曰力事不忘忠；四曰口言不忘信。慎守四儀以終其身，名功之從之也，猶形之有影、聲之有響❶也。是故志不忘仁則中能寬裕❷，智不忘義則行有文理❸，力不忘忠則動無廢功❹，口不忘信則言若符節❺。若❻中寬裕而行文理，動有功而言可信也，雖古之有厚功大名見於四海之外、知❼於萬世之後者，其行身❽也無以加❾於此矣。

【注釋】

❶**響** 回聲。

❷**中能寬裕** 心能寬容。中，心。

❸**文理** 法度禮節。

❹**廢功** 敗壞事功。

❺**符節** 古代朝廷傳達命令或徵調兵將所用的憑證，用金或玉、銅、竹、木製成，雙方各執一半，合之以驗真假。

❻若　這。

❼知　聞名。

❽行身　處己之身。

❾加　改變。

【語　譯】

行為有四個準則：一是按志而行而不忘仁德；二是運用智謀而不忘道義；三是努力從事而不忘盡忠；四是說話不忘守信。終身能謹慎地恪守這四個準則，功名就會相隨而至，猶如形有影相隨、聲音必定產生回聲一樣。因此，有其志而不忘仁德，內心就能寬容；用其智而不忘道義，行為就合於法度禮節；用其力而不忘盡忠，其作為就不會敗壞事功；說話不忘信用，其言行就像符節之相合。這樣內心寬容而行為合於法度禮節，有所作為而建樹功勞，並且說話可信，即使是古代有豐功偉業著名於四海之外、聞名於萬代之後的人，他的處世立身，也無法改變這種準則。

明堂

【題解】

明堂，傳說是古代帝王用以舉行大的典禮的一種建築，凡朝會、祭祀、慶賞、選士、養老、教學等大典禮，均在此舉行。關於明堂建築的形制，它的作用以及歷代的沿革，見於古籍所載，說法不一，故歷來學者聚訟紛紜。本篇雖以「明堂」為名，而所論卻與之無涉。文中主要論述處於高貴地位的諸侯，當效法古聖王而努力訪求賢士，並且做到禮賢下士，認為如此才能立功成名。後面的〈君治〉中有云：「夫黃帝曰合宮，有虞氏曰總章，殷人曰陽館，周人曰明堂。皆所以名，休其善也……。是以日光盈尺，光滿天下；聖人居室，而所燭彌綸六合。」與論明堂意正合，這或許是篇章有所錯亂的緣故。

夫高顯尊貴，利天下之徑❶也，非仁者之所以輕也。何以知其然耶？日之能燭❷遠，勢高也。使❸日在井中，則不能燭十步矣。舜之方陶也，不能利其巷，及❹南面而君天下❺，蠻夷戎狄❻皆被❼其福。目在足下，則不可以視矣❽。天高明，然後能燭臨萬物；地廣大，然後能載任群體。其本❾不美，則其枝葉莖心不得美矣。此古今之大徑❿也。是故聖王謹修其身以君天下，則天道至⓫焉，地道稽⓬焉，萬物度⓭焉。

【章旨】

指出統治者處於高貴尊顯的地位，是有利於天下的一種必備條件。但是，他本身必須完美，方可發揮這種作用。所以，統治者要修養自身，明察天地萬物之情，才能使百姓受福。

【注釋】

❶**徑** 途徑；條件。

❷**燭** 光照。

❸**使** 假如。

❹**及** 湖海樓本作「下」，與上句「巷」連讀。孫星衍云：「案『及』本作『下』，從《太平御覽・居處部》引改。」

❺南面而君天下　是說做君主而統治天下。南面，處君主或尊者之位。古代以坐北朝南為尊位，故天子諸侯見群臣，或卿大夫見臣屬，皆南面而坐，後即用以指代處其位。君，統治。

❻蠻夷戎狄　泛稱古代處於中原地區四周的民族，所謂南蠻、東夷、西戎、北狄。

❼被　受。

❽目在足下二句　汪繼培云：「《意林》引『日在井中，不能燭十步；目在足下，不可以視遠：雖明何益？』《御覽・三》『十步』作『遠』，『遠』作『近』；《御覽・六二〇》無『近』字。下並有『君之於國也，猶天之有日，居不高則不明，視不尊則不遠』四句。此書『日在井中』與『目在足下』不相接，又無『君之於國』數句，蓋刪節失次。」案：「目在足下」云云一句上下文意不接，汪說可供參考。

❾本　根。

❿大徑　喻基本道理。

⓫天道至　指天的規則得到顯示。

⓬地道稽　指地的規則得到考察。稽，察。

⓭度　度量；考察。

【語譯】

地位的高貴尊顯，是可以有利於天下的條件，因而它不是仁者所輕視的。怎麼知道是這樣的呢？太陽能照到遠方，是由於處勢高的緣故。假如太陽處在井中，那就不能照十步了。舜還在製造陶器的時候，不能有利於他的巷子，等到做了君主而統治天下，連南蠻、東夷、西戎、北狄之人都受到他的福澤。眼睛生在腳下，就不能看東西。天既高又明亮，才能夠下照萬物；地面廣大，才能負載眾多物體。要是根本不美，那麼它長出的枝葉、莖心也就不可能美。這是自古至今的基本道理。因此，聖王慎重地修養自身以統治天下，那麼天道就會顯示，地道就會被考察，萬物也就瞭然於胸了。

古者明王之求賢也，不避遠近，不論貴賤，卑爵以下賢❶，輕身以先士❷。故堯從❸舜於畎畝❹之中，北面❺而見之，不爭❻禮貌。此先王之所以能正天地、利萬物之故也。今諸侯之君，廣其土地之富，奮❼其兵革之強❽以驕士；士亦務其德行、美其道術以輕上。此仁者之所非也。曾子曰：「取人者必畏，與人者必驕。」今說者❾懷畏，而聽者懷驕，以此行義，不亦難乎！非求賢務❿士而能致大名於天下者，未之嘗聞也。夫士不可妄致也。覆巢破卵，則鳳皇不至焉；刳胎焚夭⓫，則麒麟不往焉；竭澤漉魚⓬，則神龍⓭不下焉。夫禽獸之愚而不可妄致也，而況於火食⓮之民乎！是故曰：待士不敬，舉士不信，則善士⓯不往焉。聽言耳目不瞿⓰，視聽不深，則善言不往焉。孔子曰：「大哉，河海乎！」下⓱之也。夫河下天下之川故廣，人下天下之士故大。故曰：下士者得賢，下敵者⓲得友，下眾者得譽。故度於往古，觀於先王，非求賢務士而能立功於天下，成名於後世者，未之嘗有也。夫求士不遵其道而能致士者，未之嘗見也。然則先王之道可知已，務行之而已矣。

【章旨】

強調今諸侯對於士人不能取驕矜之態度，相反的，要努力訪求賢士，要禮賢下士，這樣才能成就功名。

【注釋】

❶**卑爵以下賢**　指自以為爵位卑微，為尊賢而降處下位。

❷**輕身以先士**　指把自身看得輕賤而先向士人致禮。

❸**從**　走訪。

❹**畎畝**　田間。

❺**北面**　與「南面」相反，為臣屬與卑者之位。

❻爭　計較。

❼奮　誇示。

❽兵革之強　強大的武力。兵，指戈、矛、刀、箭等武器。革，指鎧甲與頭盔。此「兵革」泛指軍備武力。

❾說者　遊說之士。

❿務　努力訪求。

⓫刳胎焚夭　指剖獸類之胎，焚烤其幼小。刳，剖。夭，指幼小動物。

⓬漉魚　捕魚。

⓭神龍　神靈之龍。傳說大魚登上龍門者為龍，故魚龍乃同一族類。

⓮火食　吃燒煮之食物。

⓯善士　賢士。

⓰耳目不瞿　眼睛不注視說者。耳目，為偏義複詞。不瞿，不視。

⓱下　汪繼培云：「『下』上疑脫『能』字。」是。

⓲敵者　相匹敵者。

【語譯】

古代英明的君主訪求賢士，不迴避路途的遠近，不考慮他的貴賤。把自己的地位看得微不足道，降於賢者之下；把自己的身分看得輕賤不堪，先向賢士致禮。因此堯走訪舜於田野之中，站在北面見舜，不再計較君臣之禮。這就是先王使天地得正、使萬物得利的緣故。現今諸侯國的君主，擴展他已富有的土地，誇耀自己強大的軍備武力用以傲視士人；而士人也盡力於自己的德行，讚美自己的學說用以輕視君主。這都是仁者所反對的。曾子說：「向人取東西的人必定畏懼，給人東西的人必定驕傲。」現在遊說之士心懷畏懼，而聽的人心懷驕矜，在此種情況下要想實行道義，不是為難之事嗎！不努力去訪求賢士，卻能在天下成就大名，這種事還不曾聽到過。士人是不會隨意來到的。假如將鳥窩傾覆，鳥卵打破，那麼鳳凰就不會飛來；假如將獸類之胎剖開，將幼小者焚烤，那麼麒麟就不會前來；假如使湖澤乾涸而捕魚，那麼神靈的龍就不會下來。連愚蠢的禽獸都不能隨意使牠們前來，何況是吃燒煮食物的人！因此說：對待士人不敬，舉用士人失信，那麼賢士就不會前來。聽人說話而眼睛不注視對方，對於所見所聞都不能深入，那麼能奉獻良言善語者就不會前來。孔子說：「廣大呀，黃河大海呵！」這是由於能處於低下地位的緣故。黃河處於天下川流之下故廣大，人處於天下士人之下故偉大。因此說：處於士人之下的人會得到賢人，處於相匹敵者之下的人會得到友人，處於眾人之下的人會得到讚譽。所以，衡量於遠古，觀察於先王，不努力地訪求賢士而能立功於天下、傳名於後代的人，還不曾有過。訪求賢士不能遵循他的主張，卻能使他前來的情況，也不曾見過。如此說來，先王的主張是可以知道的，只在努力實行罷了。

分

【題解】

分，是指名分，即人的名位與其應盡之職分。作者認為國家要治理好，必須正名，即辨正名分，循名責實。君主只有對於群臣採取正名覈實的統治法術，才能取得良好的治理效果。在具體論述上，作者首先提出名分的制定出自聖人，故人皆能合於其名分，國家方能稱「治」。人能合於其名分，方為完美之人。然後重點論述君主如何運用正名之術以駕御群臣，使各盡情效力。值得注意的是，尸子在闡述他的正名思想時，有一個顯著的特點，即強調覈實和舉賢。他認為對於官吏，必須就其名而覈其實，即考察其治理之績，看能否勝任，從而在此基礎上舉其優異者，使他主管群吏之事。這樣君主就可清靜無事，而事則無不成。

天地生萬物，聖人裁❶之。裁物以制分❷，便事以立官。君臣、父子、上下、長幼、貴賤、親疏皆得❸其分曰治。愛得分曰仁，施得分曰義，慮得分曰智，動得分曰適，言得分曰信。皆得其分而後為成人❹。

【章　旨】

說明分的制定出自聖人，人皆能合於其名分，國家方能稱「治」。人能合於其名分，方為完美之人。

【注釋】

❶裁　度量。

❷制分　制定名分。

❸得　合。

❹成人　完美之人。

【語譯】

天地生成萬物，由聖人加以裁度。裁度萬物從而制定名分，為有利於治事而設立官吏。使得君臣、父子、上下、長幼、貴賤、親疏都合於名分，就稱作「治」。愛合於名分稱為「仁」，施予合於名分稱為「義」，思慮合於名分稱為「智」，行動合於名分稱為「適」，說話合於名分稱為「信」。都能合於其名分，然後成為完美之人。

明王之治民也，事少而功立❶，身逸而國治，言寡而令行。事少而功多，守要也；身逸而國治，用賢也；言寡而令行，正名❷也。君人者苟❸能正名，愚智盡情。執一❹以靜，令名自正，令事自定❺。賞罰隨名，民莫不敬❻。周公❼之治天下也，酒肉不徹❽於前，鐘鼓不解於懸❾，聽樂而國治，勞無事焉；飲酒而賢舉，智無事焉；自為而民富，仁無事焉。知此道也❿者，眾賢為役⓫，愚智盡情矣。

【章旨】

指出明王之治理如能把握關鍵，用賢而正名，則能收到人皆盡力、國家治理，「事少而功多」的效果。

【注釋】

❶立 汪繼培云：「下文作『多』。按〈貴言〉、〈治天下〉並作『多』。」案：當從汪說作「多」。

❷正名 辨正名分，循名責實。

❸苟 假如。

❹執一 掌握正名一事。

❺自定 自然獲得成效。定，成。

❻不敬 不慎。

❼周公 姬姓名旦，周文王之子，輔助武王滅商，建立周朝。武王死，成王尚幼，由周公攝政。相傳周代的禮樂制度都是由周公所制訂的。

❽不徹 不撤除。徹，通「撤」。

❾懸 懸掛鐘磬等樂器的木架（虡）。

❿也 汪繼培云：「疑衍。」是。

⓫為役 為其辨事。

【語譯】

英明的君王治理民眾，事情少而功績多，自身安逸而國家治理，說話不多而命令得以執行。事情少而功績多，是由於能夠把握關鍵；自身安逸而國家治理，是由於能夠任用賢人；說話不多而命令得到執行，是由於能夠正名。統治民眾的君主假如能夠正名，那麼愚人與智者都能盡心盡力。君主掌握正名這一法術，從而得到清靜，使名分自然得到辨正，使政事自然獲得成效。實施賞罰也各據其名分，那麼人們就沒有人敢不慎重。周公在治理天下的時候，他跟前的酒肉也不撤除，鐘鼓也不從木架上解下，聽著音樂，國家就得到治理，無事可勞；由於舉用了賢人，所以飲著酒，就無事可用其智；自行其事而民眾就富裕了，所以無事可施其仁愛。知道正名這一法術的人，就能使眾多賢人為自己辦事，愚人與智者各盡其心力。

明王之道易行也。勞不進一步❶，聽獄❷不後皐陶❸；食不損一味，富民不後虞舜❹；樂不損一日，用兵不後湯武❺。書之不盈尺簡❻，南面而立，一言而國治，堯舜復生，弗能更❼也。身無變❽而治，國無變而王❾，湯武復生，弗能更也。執一之道，去智與巧。有虞之君天下也，使天下貢善❿；殷周之君天下也，使天下貢才⓫。夫至眾賢而能用之，此有虞之盛德也。

【章旨】

說明只要能正名與舉用賢人，就可達到事少功多之效，故明王之道易行。

【注釋】

❶勞不進一步　即無進一步之勞。

❷聽獄 處理獄事。

❸皋陶 傳說是舜之臣，掌刑獄之事，廉明清正。

❹虞舜 即舜。傳說舜為有虞氏，故稱「虞舜」。

❺湯武 成湯與周武王。成湯討滅夏桀，建立商朝。周武王姬姓名發，討滅商紂，建立周朝。

❻尺簡 古代將文字書寫於竹簡之上。竹簡長一尺二寸，或倍之；一說長二尺，短者半之，故稱尺簡。

❼更 變。

❽身無變 指仍為其本人。

❾王 成就王業。

❿貢善 張之純云：「謂舉賢。」案：「賢」指賢德之人。

⓫貢才 推舉有才能者。

【語譯】

英明君王的法術是容易實行的。自己無進一步之勞，在處理獄事上也不會比皋陶差；自己飲食不減少一味，在使百姓富裕上也不會比虞舜差；自己音樂享受一日不少，在用兵作戰上也不會比商湯、周武王差。書寫不寫滿一尺之竹簡，站在君主之位，說一句話國家就能治理，即使堯舜再世，也不能有所變更。憑此術，即其本人便可使國家治理，即其本國便可成就王業，即使商湯、周武王再世，也不能有所變更。掌握正名這一法術，就可去除心機與詐巧。虞舜在統治天下時，讓天下推舉賢德之人；殷周君主在統治天下時，讓天下推舉有才能的人。能夠使眾多賢人紛紛前來而加以任用，這就體現了虞舜的盛德啊。

三人之所廢❶，天下弗能興❷也。三人之所興，天下弗能廢也。親❸曰「不孝」，君曰「不忠」，友曰「不信」，天下弗能興也。親言其孝，君言其忠，友言其信，天下弗能廢也。夫符節，合之則是非自見。行亦有符，三者合，則行自見矣，此所以觀行也。諸治官臨眾者❹，上❺比度❻以觀其賢，案法以觀其罪，吏雖有邪僻，無所逃之，所以觀勝任也。群臣之愚智日效❼於前，擇其知事者而令之謀❽；群臣之所舉日效於前，擇其知人者而令之舉❾；群臣之治亂日效於前，擇其勝任者而令之治❿。群臣之行可得而察也，擇其賢者而舉之，則民競於行。勝任者治⓫，則百官不亂；知人者舉⓬，則賢者不隱；知事者謀⓭，則大舉⓮不失。夫弩機⓯損若黍⓰則不鉤⓱，益若□⓲則不發。言者，百事之機⓳也，聖王正言⓴於朝而四方治矣。是故曰：正名去偽，事成若化；以實覈㉑名，百事皆成。夫用賢使能，不勞而治；正名覈實，不罰而威；達情見素㉒，則是非不蔽；復本原始㉓，則言若符節。良工之馬易御㉔也，聖王之民易治也，其此之謂乎！

【章旨】

說明君主對於官吏必須就其名而覈其實，即察其治亂之情，能否勝任之實，並在此基礎上舉其優異者使主群吏之事，則君主可得不勞而治之效。

【注釋】

❶三人之所廢　指被三種人所鄙棄的人。三人，即下文的「親」、「君」、「友」。廢，棄。

❷興　推舉。

❸親　父母親。

❹治官臨眾者　指掌管職司、統治民眾的官吏。治官，掌管其職司的官吏。臨，統治。

❺上　君主。

❻比度　相比較衡量。

❼效　呈現。

❽令之謀　讓其主管謀劃之事。

❾令之舉　讓其主管舉薦之事。

❿令之治　讓其主管群臣治亂之事。

⓫治　主管群臣治亂之事。

⓬舉　主管舉薦之事。

⓭謀　主管謀劃之事。

⓮大舉　大事。

⓯弩機　為弩的部件，青銅製，裝於弩木臂後部，是發射裝置。弩，古時利用機械力量射箭的弓。

⓰黍　一黍之長。古時計長度以黍為準，以黍的中等子粒的長度為一分，百黍即一尺。

⓱不鉤　不能鉤動弦。

⓲若□　「若」下有缺文，汪繼培云：「《呂氏春秋・察微》云：『夫弩機差以米則不發。』」張之純云：據此，「知闕文為『米』字也」。

⓳機　弩機。

⑳正言　合於正道的話。

㉑覈　通「核」。核驗。

㉒達情見素　究其情實，現其本素。

㉓復本原始　恢復本原，推究當初。復，返回。本，開始。原，推原。

㉔良工之馬易御　指善於駕車之人使馬容易駕御。良工，善於駕車的人。

【語　譯】

被三種人所鄙棄的人，即使天下人想推舉他也不可能。被三種人所推舉的人，即使天下人想廢棄他也不可能。父母親說他「不孝」，君主說他「不忠」，朋友說他「不講信用」，天下人就無法推舉他；父母親說他孝，君主說他忠，朋友說他講信用，天下人就不能鄙棄他。符節，當它在兩相合對時，真假就自然顯示。人的品行也有「符節」，三種人加以「合對」，他的品行也就自然顯示出來了。這是觀察品行的方法。各種掌管職司、統治民眾的官吏，君主用比較衡量的方法觀察他們的賢能，依據法律來觀察他們的罪行，這樣，官吏即使有邪惡的行徑，也無可逃避，這是用來觀察他們是否能勝任其職的方法。群臣或愚或智，每日呈現在自己面前，從中選擇那些知事的人讓他們主管謀劃之事；群臣所推舉的人，每日在自己面前表現著，從群臣中選擇那些知人的人讓他們主管舉薦之事；群臣或治或亂，每日呈現在自己面前，從中選擇那些能勝任其職事的人讓他們主管群臣治亂之事。對於群臣的品行能夠進行考察，並從中選擇賢良者加以舉用，那麼人們就會在品行上相競爭。讓勝任其職事的人來主管群臣的治亂，那麼百官就不會亂其職守；讓知人的人來主管舉薦之事，那麼賢人就不會隱居；讓知事的人來主管謀劃之事，那麼大事就不會失誤。弩機假如縮短像一粒黍之長度，就不能夠動弓弦；假如增長一粒米的長度，就不能發射。說話，就好比百事的「弩機」。聖王在朝廷之上說出合於正道的話，天下四方就得到治理。因此說：用正名來消除虛假，辦成事情猶如自然在化生萬物；用實事來核驗其名分，百事都能辦成。能用賢使能，則可以不勞而治；能正名核實，則可以不行處罰就自生威嚴；能究其情實而顯示其本素，則是非就不會被蒙蔽；能回復本原，推究當初，則人們之言行會像符節之相合。善於駕車的人使馬容易駕御，聖王的百姓容易治理，大概就是這個意思吧！

發蒙

【題解】

作者以為當今之君主不知以正名之手段來駕御群臣，所以便著論加以揭示，這就是篇名作「發蒙」的由來。

究竟君主怎樣使臣下為自己竭智盡力地效勞呢？作者認為君主只有抓住他們的名分，使各司其職，職責分明，並據其職司，考其實效，以定賞罰，從而使是非昭然。作者同時認為，在人才的舉薦上，也同樣要明其責任，凡進賢者有功，進不肖者有罪，以保證所進必賢。

作者論述名分與正名，必然要涉及到名實關係的問題。對此，他提出了「名實判為兩，合為一」之說，持名實統一之見解。但觀其行文，則側重於強調「實」的重要性，認為它是要成事所必待解決的問題。這應該說是可取的。

若夫❶名分，聖❷之所審❸也。造父❹之所以與❺交❻者，少操轡❼，馬之百節❽皆與❾。明王之所以與臣下交者，少審名分，群臣莫敢不盡力竭智矣。天下之可治，分成❿也；是非之可辨，名定⓫也。無⓬過其實，罪也；弗及，愚也。是故情盡而不偽，質素而無巧。故有道之君其無易聽⓭，此名分之所審也。

【章 旨】

說明君主憑名分而使臣下盡力竭智，從而使天下得治。

【注釋】

❶若夫　發語辭。
❷聖　汪繼培云：「當作『明王』二字。」是。
❸審　重視。
❹造父　傳說周時善駕馬車者。他曾獻駿馬給周穆王，穆王以趙城賜給他，由此而為趙氏。
❺與　汪繼培云：「『與』下當有『馬』字。」是。
❻交　打交道。
❼少操轡　繮繩稍加操縱。少，稍微。轡，馬繮繩。
❽百節　身體所有關節，此指身體各部分。
❾與　孫星衍校本作「興」。興，振作。
❿分成　名分確定。
⓫名定　意同「分成」。兩者為互文。
⓬無　汪繼培云：「原校云『「無」可疑。』案當作『夫』。」

⑬易聽　以聽臣下之言為易事，而不察其履行職守之行跡。

【語譯】

名分，是英明君王所重視的事情。造父與馬打交道的手段，在於將韁繩稍加操縱，馬的身體各部分都一下振作。英明君王與臣下打交道的手段，在於對名分稍加重視，群臣就沒有人敢不盡其力、竭其智了。天下所以可治理，在於名分的確定；是非所以可辨別，也在於名分的確定。實際超越了其名分，這是罪過；實際達不到其名分，這是愚昧。因此只能盡其情實而不虛假，懷著樸素的心地而不行詐巧。有鑒於此，所以掌握治道的君主不把傾聽臣下之言看成易事，這就說明了對於名分的重視。

若夫臨官治事者❶，案其法則民敬事❷；任士❸進賢者，保其後則民慎舉；議國親事者❹，盡其實則民敬❺言。孔子曰：「臨事而懼，希不濟❻。」《易》❼曰：「若履虎尾，終之，吉。」若群臣之眾皆戒慎恐懼若履虎尾，則何不濟之有乎？君明則臣少罪。夫使眾者詔作則遲❽，分地❾則速，是何也？無所逃其罪也。言亦有地，不可不分也。君臣同地，則臣有所逃其罪矣。故陳繩❿，則木之枉者⓫有罪；措準⓬，則地之險者⓭有罪；審名分，則群臣之不審者有罪。

【章旨】

指出君主重視名分，使群臣職責分明，處於戒懼之中，才有益於成事。

【注釋】

❶臨官治事者　指據其官職處理事務之官吏。

❷案其法則民敬事　考察其治理之法，則其處事謹慎。案，考察。民，人，指官吏。敬，慎。

❸任士　任用士人。

❹議國親事者　指議論國事並親行其事之官吏。

❺敬　慎。

❻希不濟　少有辨不成的。希，通「稀」。濟，成。汪繼培云：「《論語・述而》子曰：『必也臨事而懼，好謀而成也（案：「也」字汪引誤脫，茲補）。』〈曾子立事〉（案：為《大戴禮記》篇名）云：『臨事而慄（案：原作「栗」，為「慄」借字）者，鮮不濟矣。』此蓋誤曾子之言為孔子。」案：此可備一說。

❼易　古卜筮之書名。本有《連山》、《歸藏》、《周易》三種，合稱三《易》。今僅存《周易》，即《易經》。下引文見《周易・履卦》，其文作：「履虎尾，愬愬（案：恐懼貌），終吉。」

❽詔作則遲　合夥從事農事則緩慢。案：「詔作」辭意不明。且「詔作則遲」本與下句「分地則速」乃相對為文，而「詔作」與「分地」並不相對。故疑「詔」為「詥」之形誤。詥，與「合」通。「詥作」與「分地」正相對。張之純雖察其不辭，然逕改原文作「公作」，亦不當。

❾分地　意為劃分區域，人各操作，從事農事。

❿陳繩　施用墨線。繩，墨線，木工用以取直的工具。

⑪枉者　彎曲部分。
⑫措準　放置水平儀。
⑬險者　不平之處。

【語譯】

對於據官治事的官吏，考察他治事之法，則其治事必定謹慎；對於任用士人、推舉賢人的官吏，確保士人、賢人之後來表現，則其舉用必定謹慎；對於議論國事並親行其事的官吏，推究其實際是否可行，則其議事必定謹慎。孔子說：「面臨事情能戒懼，則少有辦不成的。」《易》說：「做事情好比踏著老虎尾巴，並且始終如此，就會吉利。」假如濟濟群臣辦事情都能戒慎恐懼，好像踏著老虎尾巴，那麼還會有什麼事情辦不成呢？君主賢明則臣下少有罪過。讓眾人合夥從事農事則遲緩拖沓，劃分區域讓人各自操作則快速敏捷，這是什麼原因呢？是因為無法逃避各自的罪責。說話也有「土地」，不能不把它「劃分」。君主與臣下同一塊「土地」，那麼臣下就有辦法逃避他的罪責了。因此，施用墨線，就會顯示出木材的彎曲部分有偏失；放置水平儀，就會顯示出地面的不平部分有偏失；重視名分，就會顯示出群臣之中不重視名分的人有偏失。

夫愛民，且利之也。愛而不利，則非慈母之德❶也。好士，且知之也。好而弗知，則眾而無用也。力於朝❷，且治之也；力而弗治，則勞而無功矣。三者❸雖異，道一❹也。是故曰：審一之經❺，百事乃成；審一之紀❻，百事乃理。名實判❼為兩，合為一。是非隨名實，賞罰隨是非，是則有賞，非則有罰，人君之所獨斷❽也。

【章　旨】

論述名實二分而其實合而為一，只有做到名實相副才於事有益。所以君主對於臣下當視其名實是否相副而論其是非，進行賞罰。

【注　釋】

❶德　心意。
❷力於朝　在朝廷盡力。
❸三者　指「愛民」、「好士」、「力於朝」。
❹道一　道理相一致。指求得名實相副（即愛民且利、好士且知、力於朝且治）之理相一致。
❺審一之經　重視名實合而為一的原則。
❻紀　綱紀。
❼判　分。
❽獨斷　獨自決定。

【語譯】

愛民，並且要利民。如果只愛而不利，那就不是慈母的心意。愛好士人，並且要知其人。如果只愛好而不知其人，那麼士人雖眾多卻不得其用。群臣在朝廷盡力，並且要能治理他們；如果只盡力卻不能治理，那就勞而無功了。這三件事雖然不一樣，可是其中求得名實相副的道理是一致的。因此說：重視名實合而為一的原則，百種事情就會辦得成；重視名實合而為一的綱紀，百種事情就會有條理。名實雖判分為二，實際上卻合而為一。是非相隨於名實，賞罰相隨於是非，是則有賞，非則有罰，這是君主所獨自決定的事情。

明君之立也正，其貌莊，其心虛，其視不躁❶，其聽不淫❷，審分應辭❸以立於廷，則隱匿疏遠❹雖有非焉，必不多矣。明君不用長耳目❺，不行間諜❻，不強❼聞見，形至而觀，聲至而聽，事至而應。

近者不過❽則遠者治矣；明者不失則微者敬❾矣。家人子姪和，臣妾力❿，則家富，丈人⓫雖厚衣食⓬無傷⓭也。子姪不和，臣妾不力，則家貧，丈人雖薄衣食無益也，而況於萬乘之君⓮乎！

【章旨】

指出君主只要能審察名分，就無須費心於他事，國家即可得到治理。

【注釋】

❶不躁　平靜。

❷不淫　不惑亂。

❸審分應辭　審察對方之名分而以言辭應答。

❹隱匿疏遠　指隱居而疏遠朝廷的人。

❺長耳目　聽覺、視覺比人強。長，強；優。

❻間諜　秘密伺察情況的人。

❼不強　不強求。

❽不過　無失誤。

❾微者敬　是說暗中行事者有所警戒。敬，通「警」。

❿臣妾力　指男女奴僕都能盡力。男奴僕日臣，女日妾。

⓫丈人　家長。

⓬厚衣食　穿著飲食優厚。

⓭無傷　無害。

⓮萬乘之君　指天子。周制：天子地方千里，出兵車萬乘。故以萬乘稱天子。萬乘，萬輛兵車。

以上以家治與否之喻，說明君主治國能否抓住關鍵，效果亦明顯相反。

【語譯】

英明的君主站立端正，他的容貌莊重，他的內心虛靜，他視物平靜，他聽言不惑亂，他站在朝廷之上審察對方的名分而作答，因此隱居而疏遠朝廷的人對他雖然有所非議，但這種人必定不多。英明君主用不著聽覺、視覺比人強，不用派遣間諜，不強求親聞目睹，事物來到跟前而觀，聲音傳來而聽，事情來了而作出反應。近處在治理上沒有失誤，則遠方也就會得到治理了；對於公開行事的人在處治上沒有失誤，那麼暗中行事的人就會有所警戒了。家人子姪輩能和睦相處，男奴女僕能盡力，那麼家境就富有，家長即使穿著飲食優厚也無害。子姪輩不能和睦相處，男奴女僕不能盡力，那麼家境就貧窮，家長即使穿著飲食菲薄也無益，更何況是天子呢！

國之所以不治者三：不知用賢，此其一也；雖知用賢，求不能得，此其二也；雖得賢，不能盡[1]，此其三也。正名以御之，則堯舜之智必盡矣；明分❷以示之，則桀紂之暴必止矣。賢者盡，暴者止，則治民之道不可以加❸矣。聽朝❹之道，使人有分❺。有大善者，必問其孰❻進之？有大過者，必問其孰任之❼？而行賞罰焉，且以觀賢不肖也。今有大善者不問孰進之，有大過者不問孰任之，則有分無益已❽。問孰任之而不行賞罰，則問之無益已。是非不得盡見謂之蔽，見而弗能知❾謂之虛❿，知而弗能賞⓫謂之縱：三者亂之本也。明分則不蔽，正名則不虛，賞賢罰暴則不縱：三者治之道也。於群臣之中，賢則貴之，不肖則賤之；治則使之，不治則廢之；忠則⓬愛之，不忠則罪之。賢不肖、治不治、忠不忠，以道⓭觀之，由⓮白黑也。陳繩而斲⓯之，則巧拙易知也。夫觀群臣亦有繩，以名⓰引⓱之，則雖堯舜不服⓲矣。慮事而當，不若進賢；進賢而當，不若知賢。知賢又能用之，備矣！治天下之要，在於正名。正名去偽，事成若化。苟[19]能正名，天成地平[20]。為人臣者以進賢為功，為人君者以用賢為功。為人臣者進賢，是自為置上也。自為置上而無賞，是故不為也。進不肖者，是自為置下也。自為置下而無罪，是故為之也。使進賢者必有賞，進不肖者必有罪，無敢進也者為無能之人。若此，則必多進賢矣。

【章旨】

論述治天下之根本措施在於正名。要以名分去判明群臣之賢或不肖，從而行使賞罰。再則，作者認為，為求得治理，十分重要的還在於君主能得到賢者並盡其用。為確保所得必賢，在人才舉薦上必須使舉薦人承擔責任，即分別以其所舉薦者之賢或不肖而行使賞罰。

【注釋】

❶盡 盡其力；盡其用。

❷明分 辨明名分。

❸加 更好。

❹聽朝 君主主持朝會以處理政務。

❺有分 有職分，即承擔責任。

❻孰 誰。

❼任之 舉薦而使他任職。

❽已 通「矣」。

❾知 辨別。

❿虛 虛見；白見。

⓫賞　張之純於「賞」下補「罰」字，云：「原脫『罰』字，今以意增。」案：下文云：「賞賢罰暴則不縱」，與此相對為文，可知原文本有「罰」字。

⓬廢之忠則　張之純云：四字原脫，「湖海樓本校補下三字，今以意增『廢』字」。

⓭道　指名分。

⓮由　通「猶」。

⓯斲　砍削。

⓰名　名分。

⓱引　拉，指拉引墨線。喻指審察衡量。

⓲不服　汪繼培云：疑「不」為「必」之誤。

⓳苟　若。

⓴天成地平　喻天下大治。《尚書．大禹謨》云：「地平天成，六府三事允治。」蔡沈《書集傳》云：「言水土既平，而萬物得以成遂也。」

【語譯】

國家不能治理好有三種原因：不知道任用賢人，這是第一種原因；雖然知道任用賢人，卻求之不得，這是第二種原因；雖然得到賢人，卻不能盡其用，這是第三種原因。如果以正名為手段來駕御群臣，那麼像堯舜一般人的才智就會盡其所用；如果能向群臣明示名分，那麼像桀紂一般人的暴行必然得到制止。賢人的才智盡其所用，暴人的行為得到制止，這樣，治理臣下的辦法便沒有比這更好的了。君主在朝會上處理政務的好辦法，是使人各有職責。有大善的人，必須要問他是由誰舉薦的？有大錯的人，必須要問他是由誰舉薦而任職的？從而行使賞罰，並且由此觀察誰是賢者、不肖者。現在，有大善的人也不問他是由誰舉薦的，有大錯的人也不問他是由誰舉薦而任職的，那麼雖有職責卻於事無益了。問由誰舉薦而任職卻不行使賞罰，那麼雖問卻也於事無益了。是非不能全部看到稱為蒙蔽，看到了卻不能辨別稱為白看到，能辨別卻不能行使賞罰稱為放縱：這三種情況是禍亂的根源。能夠辨明名分就不會有所蒙蔽，能夠辨正名分、循名責實就不會白看到，能賞賢罰暴就不會放縱：這三種情況是至治的途徑。在群臣之中，凡賢良的就貴重他，不肖者就輕賤他；能治事的就任用他，不能治事的就廢黜他；忠誠的就喜愛他，不忠誠的就罪罰他。賢良與不肖、能治事與不能治事、忠誠與不忠誠，用名分加以觀察，就猶如區分白黑那樣清楚。施用墨線然後加以砍削，那麼木工技術的優劣就容易知道。觀察群臣也有「墨線」，就是用名分這根「墨線」「拉」一下，那麼即使堯舜也必然心服了。考慮事情而能得當，還不如進用賢者；進用賢者而能得當，還不如了解賢者。了解賢者又能任用他，事情就完備了！治理天下的根本措施，在於正名。能正名而去除虛假，辦成事情就好像自然在化生萬物。假如能夠正名，天下就會大治。這樣做臣子的就以能舉薦賢者算作功勞，做君主的就以能任用賢者算作功勞。做臣子的舉薦賢者，這是把自己放在高尚的地位上。把自己放在高尚的地位上卻得不到獎賞，因此就不舉薦賢者。舉薦不肖者，這是把自己放在卑下的地位上。把自己放在卑下的地位上卻未受罪罰，因此就舉薦不肖者。使舉薦賢者之人必定有獎賞，舉薦不肖者之人必定受罪罰，不敢舉薦之人為無能之人。如此，就必定多舉薦賢者了。

恕

【題解】

恕，是指推己以及人的一種品行。它見於《左傳・隱公十一年》所謂「恕而行之，德之則也，禮之經也。」之後，孔子及其他儒家學者都對它極為推崇和提倡。尸子此篇亦相承其說。講恕道，是以自我為出發點，所以就必須嚴於律己，完善自我。有鑒於此，作者在此篇中側重闡述了自我修養的問題，提出凡自身之所慮、所言、所行皆要合乎道義，有害於道義者當一律去除。

恕者，以身為度❶者也。己所不欲，毋加諸人❷。惡諸人，則去諸己；欲諸人，則求諸己❸：此恕也。

【章旨】

解釋恕之含義，並說明在人我關係中如何實行恕道。

【注釋】

❶以身為度　以自身作為度量的對象。

❷己所不欲二句　語本孔子。《論語・衛靈公》：「子貢問曰：『有一言而可以終身行之者乎？』子曰：『其恕乎！己所不欲，勿施於人。』」毋，不。諸，之於。

❸惡諸人四句　語意本《禮記・大學》：「君子有諸己，而后求諸人；無諸己，而后非諸人。」

【語　譯】

恕，是以自身作為度量的對象。自己所不願意的事情，不加到別人身上。厭惡別人的事情，就自身先把它去除；希望別人的事情，就要求自己先做到：這就是恕。

農夫之耨❶，去害苗者也。賢者之治❷，去害義者也。慮之無益於義而慮之，此心之穢❸也；道❹之無益於義而道之，此言之穢也；為之無益於義而為之，此行之穢也。慮中❺義則智為上，言中義則言為師，事中義則行為法。射不善而欲教人，人不學也；行不修而欲談人❻，人不聽也。夫驥❼，惟伯樂❽獨知之，不害其為良馬也。行亦然，惟賢者獨知之，不害其為善士也。

【章旨】

指出要使自己的思慮言行都符合道義，就得把有害於道義者完全去除。只有這樣，才能影響別人。

【注釋】

❶耨　除去田中雜草。

❷治　修養。

❸穢　田中雜草。

❹道　言。

❺中　符合。

❻談人　向人說話。

❼**驥** 駿馬。

❽**伯樂** 春秋秦穆公時人，以善相馬著稱。

【語　譯】

農夫在田中除雜草，除去的是危害作物之苗生長的草。賢者自我修養，去除的是危害道義的各種事情。思慮而無益於道義卻去思慮，這是心中的「雜草」；言說而無益於道義卻在言說，這是說話的「雜草」；做事而無益於道義卻在做著，這是做事的「雜草」。思慮符合道義則他的智慧受到尊崇，說話符合道義則他的言語成為典則，做事符合道義則他的作法成為規範。不善於射箭卻想教人，人家是不會學的；不修養品行卻想向人言說，人家是不會聽的。駿馬，只有伯樂能辨識，無損於牠作為良馬。品行也是這樣，只有賢者能識別，無損於他作為優異人士。

治天下

【題解】

本篇提出君主治理天下所必須遵循的四項法則，即忠愛、無私、用賢、度量。作者側重論述的是忠愛與用賢。所謂忠愛，是說君主對於天下之人要誠心愛護，為此而可以不顧其他。然而要實現對天下人誠心愛護的願望，關鍵又在於得賢者而任用，因為只有依靠賢者，方能達到國治民安的目的。

治天下有四術❶：一曰忠愛❷，二曰無私，三曰用賢，四曰度量。度量通❸，則財足矣；用賢，則多功矣；無私，百智之宗❹也；忠愛，父母之行也。

【章旨】

總提治天下必須遵循的四項法則，並指出其作用。

【注釋】

❶四術　四項法則。

❷忠愛　誠愛。

❸度量通　度量財用，心中明白。通，明曉。

❹百智之宗　眾智之宗主。宗，主。

【語譯】

治理天下要遵循四項法則：一是誠愛，二是無私，三是用賢，四是度量。度量財用能心中明白，就財用豐足；任用賢人，就富有治功；沒有私心，就成為眾智的宗主；誠心愛民，就體現了父母的行為。

奚以知其然？

父母之所畜子❶者，非賢強也，非聰明也，非俊智❷也。愛之憂之，欲其賢己❸也，人利之與我利之無擇❹也：此父母所以畜子也。然則愛天下欲其賢己也，人利之與我利之無擇也，則天下之畜亦然矣：此堯之所以畜天下也。

【章旨】

此分述君主如何以父母養育孩子的用心與行為去誠心愛民。

【注釋】

❶畜子　養育孩子。
❷俊智　智慧過人。
❸賢己　勝於自己。
❹無擇　沒有區別。

【語譯】

怎麼知道是這樣的呢？

父母養育孩子，這孩子不是賢者強者，不是聰明人，不是智慧過人者。然而愛護他，為他擔憂，希望他能超過自己，只要能實現這一願望，是別人有益於他，還是自己有益於他，都是沒有區別的：這就是父母養育孩子的用心。那麼愛護天下之人，希望他們能超過自己，只要能實現這一願望，是別人有益於他們，還是自己有益於他們，都是沒有區別的，那就是說養育天下人也與父母養育孩子是一樣的了：這是堯養育天下人的用心。

有虞氏❶盛德，見人有善，如己有善；見人有過，如己有過。天無私於物，地無私於物，襲❷此行者謂之天子。

【章旨】

此分述人君要像舜那樣有視人如己之美德，且認為只有效法天地之無私的人，才稱得上無私。

【注釋】

❶有虞氏　即舜。

❷襲　承繼。

【語譯】

有虞氏舜的美德，看到別人有長處，就如同自己有長處一樣；看到別人有過錯，就如同自己有過錯一般。天對於萬物是無私心的，地對於萬物是無私心的，承繼這種品行的人稱為天子。

誠愛天下者得賢❶。奚以知其然也？弱子❷有疾，慈母之見秦醫❸也，不爭❹禮貌。在囹圄❺，其走大吏❻也，不愛資財。視天下若子，是故其見醫者不爭禮貌，其奉養也不愛資財。故文王❼之見太公望❽也，一日五反❾；桓公之奉管仲也，列城有數❿。此所以國甚僻小，身至穢污⓫，而為正⓬於天下也。鄭簡公⓭謂子產⓮曰：「飲酒之不樂，鐘鼓之不鳴⓯，寡人之任也。國家之不乂⓰，朝廷之不治，與諸侯交之不得志，子之任也。子無入寡人之樂，寡人無入子之朝。」自是以來，子產治鄭，城門不閉，國無盜賊，道無餓人。孔子曰：「若鄭簡公之好樂，雖抱鐘而朝可也。」夫用賢，身樂而名附⓱，事少而功多，國治而能逸。凡治之道，莫如因智⓲，智⓳之道莫如因賢。譬之猶相馬而借⓴伯樂也，相玉而借猗頓㉑也，亦必不過矣。今有人於此，盡力以為舟，濟大水㉒而不用也；盡力以為車，行遠而不乘也。則人必以為無慧。今人盡力以學，謀事則不借智㉓，處行則不因賢，舍其學不用也。此其無慧也，有㉔甚於舍舟而涉㉕、舍車而走者矣。

【章旨】

君主為實現誠愛天下人的願望，務在得賢。因為只有依靠賢者，國家才能致治，民生才可安定。而君主自己，則既能安逸少事，又可功多而名聞。

【注釋】

❶得賢　汪繼培云：「『得賢』上有脫字。」張之純補「在」字。云：「原脫『在』字，今以意增。」

❷弱子　幼子。

❸秦醫　本指名醫扁鵲，此泛指名醫。據《史記・扁鵲倉公列傳》，扁鵲為春秋鄭人，姓秦氏，名越人。

❹不爭　不辨別；不計較。

❺囹圄　牢獄。

❻走大吏　跑向大官。

❼文王　即周文王，周武王之父，姬姓名昌。殷時為諸侯，居於岐山之下，受到諸侯的擁護，曾被紂囚於羑里。後獲釋，為西方諸侯之長，稱西伯。武王滅紂後追尊為文王。

❽太公望　本姜姓名尚，因其先封於呂，從其封姓，故亦稱呂望。字子牙。年老垂釣於渭水，為文王所遇，相談而大悅，說：「吾太公望子久矣！」故號為太公望。文王立為師，後輔武王滅紂，封於齊之營丘。

❾反　通「返」。

❿列城有數　言所封眾城可數。列城，眾城。有數，可數。案：據《左傳》，魯莊公三十二年，桓公為管仲城小穀。又桓公奪齊大夫伯氏三百戶之駢邑以與管仲（《論語・憲問》子曰：管仲「奪伯氏駢邑三百」）。餘不詳。

⑪穢污　猶卑微。此指太公望與管仲而言。因太公望曾為釣徒，管仲曾為囚犯。

⑫為正　即「為政」。意為把持權力，實施整治。正，通「政」。〈勸學〉作「為政」。

⑬鄭簡公　名嘉，春秋鄭國國君。在位期間，外交上時值晉楚兩強國爭霸，鄭國弱小，處於兩強之間，故無所適從。而國內執政者亦因而相誅殺。及子產執政，始安。鄭為周分封諸侯國，其地域在今河南中部。

⑭子產　名僑，字子產，春秋鄭人。自簡公時始執政，歷定公、獻公、聲公三朝。在內政上以禮法制御強宗，行寬猛相濟之政；在外交上周旋於兩強之間，卑亢得宜。終於使鄭國安定無事。

⑮不鳴　不響。

⑯不乂　不治。

⑰名附　美名加身。

⑱因智　憑藉智慧。

⑲智　據上句，其上當脫「因」字。張之純已補正。

⑳借　憑藉。

㉑猗頓　春秋魯人。以經營畜牧及鹽業成為富豪。因發家於猗氏，故名猗頓。由於是富豪，故

說他能相玉。

㉒濟大水　渡過大的江湖。

㉓智　知識。

㉔有　通「又」。

㉕涉　步行渡水。

【語譯】

誠心愛天下之人，在於得到賢者。怎麼知道是這樣的呢？幼子生病，慈母去見良醫，是不計慮相見之禮節的。人在牢獄之中，其家人跑去找大官，是不再愛惜資財的。假如君主看待天下之人也如同自己的幼子，那麼他去見「良醫」，也不會計慮相見之禮節，他對大吏的「侍奉」，也不再愛惜資財。故周文王去見太公望，一日往返五次；齊桓公對待管仲，封予的城邑可數。能如此，所以國家雖甚為偏僻狹小，所舉用者又極其卑微，卻終於使自己能號令天下。鄭簡公對子產說：「飲酒而不快樂，鐘鼓不響，這是我的責任。國家不能治理，朝政不能治理，與諸侯的交往不能如意，這是您的責任。您不要介入我享樂的領域，我也不介入您的朝廷。」從此之後，子產治理鄭國，使得城門不關閉，國內無盜賊，道途無餓人。孔子說：「像鄭簡公這樣的喜好娛樂，即使抱著鐘去朝會群臣也可以。」君主能用賢，自身快樂而美名加身，事情少而功勞多，國家得治而能安逸。綜觀所有治國的途徑，沒有比憑藉智慧更好的了，而憑藉智慧的辦法，還不如憑藉賢者。譬如識別馬要憑藉伯樂，識別玉要憑藉猗頓，就必定不會有所失誤。現在這裡有一人，在盡力造船，可是他在濟渡大河時卻不用船；在盡力造車，可是他在走遠路時卻不乘車。那麼，人們必定認為他是不聰明的人。現在有人在盡力學習，謀劃事情卻不憑藉他的知識，處理事情卻不憑藉賢者，這是捨棄他的所學而不加應用。像這樣的不聰明，又比捨棄船而步行渡河、捨棄車子而走路的人更過之了。

仁意

【題解】

仁意，是說君主要有仁愛天下人之心。他當鑒於陽光普照，四時調和，風雨調順，使萬物各得其宜之情形，而以行為體現仁愛天下人之心，並且為天下舉用具有仁愛之美德的賢者，從而使天下太平，百姓蒙受恩澤。

治水潦❶者禹也，播五種❷者后稷❸也，聽獄折衷❹者皋陶也。

舜無為也，而天下以為父母，愛天下莫甚焉。天下之善者[5]，惟仁也。夫喪[6]其子者，苟[7]可以得之，無擇人也。仁者之於善[8]也亦然。是故堯舉舜於畎畝，湯舉伊尹於雍人[9]。內舉不避親，外舉不避讎[10]。仁者之於善也，無擇也，無惡[11]也，惟善之所在。堯問於舜曰：「何事？」舜曰：「事天[12]。」問：「何任？」曰：「任地[13]。」問：「何務？」曰：「務人[14]。」平地而注水，水流溼；均薪[15]而施火[16]，火從燥：召之類[17]也。是故堯為善而眾美至焉；桀為非而眾惡至焉。

【章旨】

舜與湯具有愛天下之心，因此，他們對於獲得和舉用有仁愛美德之人都十分看重。

【注釋】

❶水潦　洪水。潦，通「澇」。

❷五種　即五穀。

❸后稷　傳說為周民族祖先，善於農耕，為舜之農官，封於邰，號后稷，別姓姬氏。

❹折衷　調和雙方，取其中正，無所偏頗。

❺善者　指美德。

❻喪　失去。

❼苟　只；但。

❽善　即善者。

❾湯舉伊尹於雍人　成湯從廚師中將伊尹加以提拔。伊尹，商湯時大臣，曾輔佐成湯滅夏桀建立商朝。傳說他本為廚師，是湯妻的陪嫁奴隸。雍人，廚師。雍，通「饔」。

❿雔　通「仇」。

⓫無惡　無所憎恨。

⓬事天　奉事天道。

⓭任地　任用土地。

⓮務人　務在得人。

⓯均薪　同樣地放上兩堆柴火。

⓰施火　放置火種。即在兩堆柴火中間放上火種。

⓱召之類　指潮溼招水、乾燥招火的一類情況。召，招致。

【語　譯】

治平洪水的是禹，播種五穀的是后稷，公正地處理刑事案件的是皋陶。舜不做什麼事，然而天下人把他看作父母，認為愛天下人沒有人能比得上他。只有仁，才是天下完美的品德。丟失孩子的人，只要能夠找到孩子，是不會選擇讓誰去尋找的。仁者對於具有仁德的人也是這樣，是不問其為何人的。所以，堯在田間將舜加以舉用，湯從廚師中將伊尹加以提拔。對內舉用不迴避親人，對外舉用不迴避仇人。仁者對於具有仁德之人的舉用，是無所選擇的，是無所憎恨的，只看仁德體現在誰的身上。堯問舜說：「事奉什麼？」答：「事奉天道。」問：「任用什麼？」答：「任用土地。」問：「努力於什麼？」答：「努力於得人。」在平地上倒水，水流向溼的一方；在地面上同樣地放上兩堆柴火，在其中間放上火種，火就燒向乾燥的一堆：這是自己是什麼就招致什麼的一類情況。所以，堯做體現仁德的事，而眾多具有完美品德的人就來到了；桀做壞事，而眾多惡人就來到了。

燭於玉燭❶，飲於醴泉❷，暢於永風❸。春為青陽❹，夏為朱明❺，秋為白藏❻，冬為玄英❼。四時和❽，正光❾照，此之謂玉燭。甘雨❿時降，萬物以嘉⓫，高者不少，下者不多，此之謂醴泉。其風⓬，春為發生，夏為長贏，秋為方盛，冬為安靜⓭。四氣和為通正⓮，此之謂永風。

【章旨】

論天地間陽光普照，四時調和，風雨調順，因而使萬物各得其宜。

【注釋】

❶燭於玉燭　在玉燭的照耀之下。這是一種比喻的說法。因見於下文云：「四時和，正光照，此之謂玉燭。」

❷飲於醴泉　也是一種比喻的說法，詳下文。醴泉，水味甘美的水泉。

❸暢於永風　舒暢地處在和順之風中。這也是一種比喻的說法，詳下文。

❹青陽　春之別名。郭璞《爾雅》註釋云：「氣清而溫陽。」

❺朱明　夏之別名。郭璞釋云：「氣赤而光明。」

❻白藏　秋之別名。郭璞釋云：「氣白而收藏。」

❼**玄英**　冬之別名。郭璞釋云：「氣黑而清英。」

❽**四時和**　四季調和。

❾**正光**　陽光。

❿**甘雨**　及時雨。

⓫**嘉**　善；宜。

⓬**其風**　孫星衍校本無「其風」二字，而作「祥風，瑞風也，一名景風，一名惠風」。其云：「案《爾雅・釋天》疏引，本作『其風』，無『祥風』以下十三字，從《太平御覽・時序部》引補。」汪繼培湖海樓本仍從傳本，不從孫校增補，今從汪本。

⓭**春為發生四句**　郭璞《爾雅》註於此文下注云：「此亦四時之別號，尸子皆以為太平祥風。」

⓮**四氣和為通正**　四季氣候調和稱為通正。

【語譯】

受玉燭的照耀，在醴泉中飲水，舒暢地處在永風之中。春天稱為青陽，夏天稱為朱明，秋天稱為白藏，冬天稱為玄英。四季調和，陽光照耀，這就稱為玉燭。雨水適時而降，萬物各得其宜，高處不少，低處不多，這就稱為醴泉。那風，春天稱為發生，夏天稱為長嬴，秋天稱為方盛，冬天稱為安靜。四季氣候調和稱為通正，這就稱為永風。

舜南面而治天下，天下太平。燭於玉燭，息於永風，食於膏火❶，飲於醴泉。舜之行其猶河海乎！千仞之溪❷亦滿焉，螻蟻之穴亦滿焉。由此觀之，禹湯之功不足言❸也。

【章旨】

指舜治天下，能與天地自然仁愛天下人之意相諧合，故實現了天下太平的理想目標。汪繼培於此章云：「諸書引此條並不云〈仁意篇〉。按《爾雅》疏引『燭於玉燭』以下，以為『〈仁意篇〉述太平之事云云』，正與此相屬，知本書必同在一篇，故錄附於此。」今從汪氏，錄附此章於此。

【注釋】

❶膏火　汪繼培云：「膏火，當作『膏露』。《禮記・禮運》亦云：『天降膏露，地出醴泉。』」膏露，潤澤萬物的甘美雨露。

❷千仞之溪　千仞之高的溪流。仞，長度名。古人以七尺，或說八尺為一仞。

❸由此觀之二句　意為舜以「得賢」而「無事」致治，故禹湯之事功無以相比。

【語譯】

舜居於君主之位而治理天下，使天下太平。使天下之人在玉燭的照耀之下，憩息在永風之中，吃的是天降的甘露，飲的是醴泉之水。舜的品行猶如河海那樣偉大吧！

千仞之高的溪谷也滿了，螻蛄螞蟻的洞穴也滿了。由此看來，禹和湯的功績相形之下是不值得說了。

廣

【題解】

廣，是指人的心胸眼光要開闊廣大。作者認為，人若受私心蒙蔽，則其見識必然陷於偏面或謬誤；如出於公心，則其見識必然全面而公正，所以作為天子，必須心胸開闊廣大，從公心出發，以兼愛全天下之人。

對於當時學術界的爭辯，作者認為這是出於各派為私心所蒙蔽的緣故。如若拋棄私心，代之以公心，則自會明白所見實同。我們據此可知，作者本身在學術思想上對於各家是取兼容並蓄的態度的。這是他學術思想上的特色與長處。然而，他將各家在學術思想上的爭辯，一概以蔽於私心論之，這是不可取的。而認為各派之見雖異而實同，這也只是一種調和矛盾的說法。

因❶井中視星，所視不過數星；自邱❷上以視，則見其始出，又見其入，非明益❸也，勢使然也。夫私心，井中也；公心，邱上也。故智載於私❹則所知少，載於公則所知多矣。何以知其然？夫吳❺越之國以臣妾為殉❻，中國❼聞而非之；怒，則以親戚殉一言❽。夫智在公，則愛吳越之臣妾；在私，則忘其親戚。非智損也，怒弇❾之也。好亦然。語❿曰：「莫知其子之惡也。」非智損也，愛弇之也。是故論貴賤、辯是非者，必且⓫自公心言之，自公心聽之，而後可知也。匹夫愛其宅⓬，不愛其鄰；諸侯愛其國，不愛其敵。天子兼天下⑬而愛之，大也。

【章旨】

論述凡人受私心蒙蔽，則其見識必致偏面或謬誤，出自公心，則其見識必然全面而公正，故人凡事必須出自公心。天子尤須有兼愛天下人的廣博胸懷。

【注釋】

❶因　從。
❷邱　通「丘」。山丘。
❸明益　視力增加。
❹載於私　存在於私心人身上。
❺吳　古國名。春秋時其地域在今江蘇大部，及毗鄰之安徽、浙江之一部分。西元前四七三年

為越所滅。

❻為殉　作為陪葬者。

❼中國　中原地區的人。古時中原地區是被認為文明較早的地區。

❽以親戚殉一言　以一言之爭而讓親人相隨而死。意為讓親人為其爭鬥而死。

❾弇　掩蓋；蒙蔽。

❿語　俗語。

⓫必且　必當；必須。

⓬匹夫愛其宅　指平民愛他的家。匹夫，平民。宅，家。

⓭兼天下　統天下之人。

【語　譯】

從井中看星，所看到的不過幾顆星；從山丘上看星，那就能看到星星從天邊開始升起，又看到它們從地面落下，這不是由於視力增加了，而是所處的地勢不同所造成的。遇事而本著私心，就好像處在井中；本著公心，就好像站在山丘之上。因此，智慧存在於具有私心的人身上，他所能知道的就少；存在於具有公心的人身上，他所能知道的就多。怎麼知道是這樣的呢？在吳越這樣的國家，把男的或女的奴僕作為陪葬，中原地區的人聽到了會表示反對；可是，自己與別人因一言相爭，會讓親人因此而去送死。可見，智慧在出於公心之時，能愛護吳越的男女奴僕；在出於私心之時，則不顧其親人的生死，並不是他的智慧受到損害，而是一時的怒氣蒙蔽了他。愛好的情緒也是這樣。俗語說：「沒有人知道自己的孩子是壞的。」這不是智慧受到損害，而是喜愛蒙蔽了他。因此，議論貴賤、辯論是非，必須出自公心來說話，出自公心來傾聽，然後才能辨別。平民愛他的家，不愛他的鄰居；諸侯愛他的國家，不愛他敵對的國家。天子對全天下之人都愛護，是由於他心胸廣大的緣故。

墨子貴兼❶，孔子貴公❷，皇子貴衷❸，田子貴均❹，列子貴虛❺，料子貴別囿❻。其學之相非❼也，數世矣而不已❽，皆弇於私也。天、帝、皇、后、辟、公，皆君也❾。弘、廓、宏、溥、介、純、夏、憮、冢、晊、昄，皆大也⑩。十有餘名而實一⑪也。若使兼、公、虛、均、衷、平易⑫、別囿，一實也，則無相非也。

【章旨】

認為各學派所以會有爭辯，是由於均為私心所蒙蔽而所見偏面的緣故。如能秉以公心，則自會明白所見實同。

【注釋】

❶**貴兼**　以「兼愛」為貴。兼，指兼愛。兼愛是墨子學術思想的代表性主張，即要人們都能愛人如己，相互友愛。

❷**貴公**　以君主為貴。公，指君主，而非指公家。這是因為：㈠公即君，見下文，亦見《爾雅．

釋詁》，無須例證；㈡若以為指公家，則與尸子論孔子亦「弇於私」顯然不合；㈢觀於孔子思想，尊君實為其首義。如其云：「天下有道，則禮樂征伐自天子出。」（《論語・季氏》）又云：「君君、臣臣、父父、子子。」（《論語・顏淵》）又孟子云：「〈傳〉曰：『孔子三月無君，則皇皇如也。』」（《孟子・滕文公下》）等等。

❸**皇子貴衷**　無考。

❹**田子貴均**　田子以齊等為貴。田子，即田駢，亦即陳駢，戰國時齊人。貴均，即貴齊。《呂氏春秋・不二》作「陳駢貴齊」。高誘注云：「貴齊，齊生死，等古今也。」

❺**列子貴虛**　列子以虛靜無欲為貴。列子，即列禦寇，戰國鄭人。其學說已不詳。今所傳《列子》，是後人根據古籍中的有關資料彙編而成。

❻**料子貴別囿**　料子以去除障蔽為貴。料子及其學說亦無考。

❼**其學之相非**　他們的學說相互責難。

❽**不已**　不止。「不」字原脫。張之純云：「『不』字從何義門說增。」

❾**天帝皇后二句**　稱天、帝、皇、后、辟、公，都是指君主。見《爾雅・釋詁》。張之純云：「『皆君也』三字原本遺脫，今從《爾雅》增。」

❿**弘廓宏溥二句**　指弘、廓等，都是大之意。亦見《爾雅・釋詁》。

⓫十有餘名而實一　十多個用辭而含義相同。有，通「又」。名，辭。

⓬平易　不詳。前文未涉及。

【語　譯】

墨子以兼愛為貴，孔子以君主為貴，皇子以衷為貴，田子以齊等為貴，列子以虛靜為貴，料子以去除障蔽為貴。他們的學說相互責難，已經幾代了卻還沒有停止，這無非是被私心所蒙蔽了。稱天、帝、皇、后、辟、公，都是君主的意思。說弘、廓、宏、溥、介、純、夏、幠、冢、晊、昄，都是大的意思。十多個用辭而含義相同。假如明白兼愛、君主、虛靜、齊等、衷、平易、去除障蔽，實際上是同一內容，就不會相互責難了。

贖人❶。

【注釋】

❶贖人　以錢物贖回其人。案：此為殘文，故憑此無從知其所在文之意。汪繼培云：「吳任臣《字彙補》引〈廣澤篇〉（案：即此篇，汪氏據《爾雅》疏作『廣澤』。張之純云：『湖海樓本「廣」下有「澤」字。今按「澤」字無著，刪之。』）云：『贖人』也。案《呂氏春秋．察微》云：『魯國之法，魯人為人臣妾於諸侯，有能贖之者，取其金於府。子貢贖魯人於諸侯，來而讓，不取其金。孔子曰：「賜失之矣。自今以往，魯人不贖人矣。取其金則無損於行，不取其金則不復贖人矣。」子路拯溺者，其人拜之以牛，子路受之。孔子曰：「魯人必拯溺者矣。」孔子見之以細，觀化遠也。』又見《淮南子》〈道應〉、〈齊俗〉。尸子所云『贖人』，疑亦謂此事也。」案：汪說可作參考。另詳下篇。

綽子

【題解】

綽子，似是對人之稱呼，但無法從篇文內容中窺知，亦不見稱於其他資料，故只能暫付闕如。本文現由兩部分組成：前一部分自成一章，是《群書治要》所輯錄；後一部分僅為一句，是《爾雅．釋山》注、〈釋木〉注之文，又為兩處疏文及《藝文類聚．木部》等處所引錄之文。可知它不是一篇完整的文章。觀此兩部分之內容，前一部分列舉了堯、舜、禹、湯、周文王、周武王愛民之事例，說明他們都以愛護天下人為己任，一心為民，公而無私，天下之人乃至禽獸都蒙其恩澤，達到了安危懷遠的成效。它雖為一章，然而意思已完密。後一部分是以松柏之鼠為喻，說明其見識受到條件的制約而顯得狹隘。至於文中為何要作此比喻，則已不得而知。它與前文之意也了不相關。筆者認為，既然前文所論，其中心在於說明公而無私之先王的恩澤之廣被，而《尸子》本有〈廣澤〉一篇（見《爾雅・釋詁》於「天、帝、……，君也」、「弘、廓、……，大也」二條疏文及《字彙補》引），而傳本已缺，則有理由認為此前文正是〈廣澤〉遺文。其致誤之由，可能是〈廣澤〉雖存有此遺文，而其篇名早逸，而〈綽子〉亦已殘缺，故誤將〈廣澤〉遺文攔入。汪繼培不知《尸子》本有〈廣〉與〈廣澤〉二篇，但見他書所引有〈廣澤〉，而傳本只有〈廣〉，就誤以為〈廣〉即〈廣澤〉，篇名誤脫「澤」字，故為之補正。他並不顧及〈廣〉篇略無「廣澤」之意，故欲為之補正，而愈失其真。再則，〈廣〉與〈廣澤〉既各自成篇，則汪氏於〈廣〉文後所附之「贖人」二字，因其明為〈廣澤〉逸文，故自當歸入此篇。

堯養無告❶，禹愛辜人❷，湯武及禽獸❸，此先王之所以安危而懷遠❹也。聖人於大私之中也為無私❺，其於大好惡之中也為無好惡❻。舜曰：「南風之薰兮，可以解吾民之慍兮❼！」舜不歌禽獸而歌民。湯曰：「朕身❽有罪，無及萬方❾；萬方有罪，朕身受之。」湯不私❿其身而私萬方。文王曰：「苟⓫有仁人，何必周親⓬。」文王不私其親而私萬國。先王非無私也，所私者與人不同也。

【章旨】

以堯、舜、禹、湯、周文王、周武王愛民之事例，說明他們都以愛護天下萬民為己任，公而無私，使天下萬民乃至禽獸都蒙受其恩澤，達到了安危懷遠的成效。

【注釋】

❶**無告**　有苦而無處可告訴之人。

❷**禹愛辜人**　禹痛惜臨處死刑之人。辜人，罪人。《說苑・君道》：「河間獻王曰：『禹出，見罪人，下車問而泣之。』」

❸**湯武及禽獸**　指成湯與周武王之愛心，由百姓而推及於禽獸。成湯「網開三面」之傳說即其例。《史記・殷本紀》云：「湯出，見野張網四面，祝曰：『自天下四方皆入吾網。』湯曰：『嘻，盡之矣！』乃去其三面，祝曰：『欲左，左；欲右，右。不用命，乃入吾網。』諸侯聞之曰：『湯德至矣，及禽獸。』」周武王例，如《呂氏春秋・簡選》云：「武王行賞及禽獸。」

❹**安危而懷遠**　使危難之人得到安全而使遠地之人引領嚮往。

❺**聖人於大私之中也為無私**　指聖人以天下為己任而做到無私。大私，將愛護天下人看作自己的本分。

❻**其於大好惡之中也為無好惡**　指以天下人之好惡為好惡而做到無私自之好惡。大好惡，天下人之好惡。

❼南風之薰二句　是說和煦的南風可以消解百姓的怨恨。薰，和煦。慍，怨恨。

❽朕身　我自己。朕，用以自稱。

❾無及萬方　不要連累四方。萬方，猶四方。

❿不私　不偏愛。傳說湯滅夏桀之後，遭七年大旱，因此湯便剪下自己的頭髮和指甲，把自己當作祭品，祈禱上帝於桑林之社，結果降下大雨。文中所引之湯言，即其祈禱之辭。

⓫苟　只要。

⓬周親　至親。

【語譯】

堯撫養有痛苦而無可告訴之人，禹痛惜臨處死刑之罪人，成湯、周武王之愛心及於禽獸，這就是先王能使危難者得到平安，而遠地之人心懷嚮往之情的緣故。聖人以天下為己任而做到無私心，以天下人之好惡為好惡而做到無私自之好惡。舜唱道：「和煦的南風吹呀，可以消除我的百姓心中的怨恨！」舜不為禽獸歌唱而為百姓歌唱。成湯說：「我自己有罪，不要連累四方；四方有罪，由我來承擔。」成湯不偏愛自己而偏愛四方。周文王說：「只要有仁人，何必要至親。」文王不偏愛他的親人而偏愛天下。可見先王不是沒有偏愛，只是他們所偏愛的與常人不同罷了。

松柏之鼠❶，不知堂密❷之有美樅❸。

【章旨】

寄居松柏之鼠，因受條件之限制故見識狹隘。

【注釋】

❶松柏之鼠 在松樹或柏樹上挖洞穴而居的老鼠。《韓非子・外儲說右上》云：有社樹，而「鼠穿其間，掘穴託其中」。因稱此鼠為「社鼠」，亦即其例。

❷堂密　山地如堂室者之稱。《爾雅・釋山》云：「山如堂者，密。」注引《尸子》此文，云：「形如堂室者。」疏云：「言山形如堂室者密，此《尸子・綽子》文，引之證山有名密者。」

❸美樅　樅樹之美者。樅，幹高數丈，可作建築材料。《爾雅・釋木》云：「樅，松葉柏身。」

【語譯】

寄居松柏之鼠，不知如堂室之山地上有美好的樅樹。

處道

【題解】

本篇論述君主如何按道行事。作者認為，要治理國家、天下，第一要能辨識為亂之邪人而去除之；第二要去除自身的邪欲，完善自己而做到「德正」，然後教育人們。由於可教育者多，故影響所及，必然致治。

孔子曰：「欲知則問，欲能則學，欲給則豫❶，欲善則肄❷。國亂，則擇❸其邪人而去之，則國治矣；胸中亂，則擇其邪欲而去之，則德正矣。天下非無盲者也，美人之貴，明目者眾也；天下非無聾者也，辨士❹之貴，聰耳者眾也；天下非無亂人也，堯舜之貴，可教者眾也。」孔子曰：「君者盂❺也，民者水也，盂方則水方，盂圓則水圓。」上何好而民不從！昔者句踐好勇而民輕死❻，靈王好細腰而民多餓❼。夫死與餓，民之所惡也，君誠好之，百姓自然，而況仁義乎！桀紂之有天下也，四海之內皆亂，而關龍逢❽、王子比干❾不與❿焉，而謂之皆亂，其亂者眾也。堯舜之有天下也，四海之內皆治，而丹朱⓫、商均⓬不與焉，而謂之皆治，其治者眾也。故曰：君誠服⓭之，百姓自然；卿大夫⓮服之，百姓若逸⓯；官長服之，百姓若流。夫民之可教者眾，故曰猶水⓰也。

【章旨】

認為治理國家，一方面要能識別為亂之人而去除之，另一方面要去除自身的邪欲而做到德正。以此教育與影響民眾，則必然致治。

【注釋】

❶**豫** 預備。

❷**肄** 學習。

❸**擇** 識別。

❹**辨士** 辨析論說事理的人士。

❺**盂** 古時盛湯漿或食物之器皿。

❻**昔者句踐好勇而民輕死** 指往時句踐喜好人勇敢，因而民眾看輕死事。句踐，春秋越國國君。

他曾被吳王夫差所敗，困於會稽，屈膝求和。之後，臥薪嚐膽，發憤圖強，十年生聚，十年教訓，終於轉弱為強，一舉滅亡吳國。句，或作「勾」。

❼**靈王好細腰而民多餓** 言因楚靈王喜好人腰身細小，故民眾多餓者。

❽**關龍逢** 傳說為夏之賢臣。夏桀荒淫無道，為酒池糟丘。關龍逢極諫，桀不聽，被殺。

❾**王子比干** 商紂之叔伯父（一說為庶兄）。傳說紂淫亂，比干犯顏強諫，紂怒，被剖心而死。

❿**不與** 不參預。

⓫**丹朱** 傳說為堯之子。堯因其不肖，故禪位於舜。

⓬**商均** 傳說為舜之子。舜亦因其不肖，故禪位於禹。

⓭**服** 行。

⓮**卿大夫** 西周、春秋時天子或諸侯所封之臣屬，掌握所屬都邑的軍政大權，或在朝廷任事。卿的地位一般高於大夫。

⓯**逸** 趨奔。

⓰**猶水** 如水之奔流而下。

【語 譯】

孔子說：「想懂就問，想會就學，想好就練習。國家混亂，就識別壞人而去除他，那麼國家就治理了；心中紊亂，就辨別邪念而清除它，那麼品德就端正了。天下不是沒有瞎子，然而美人仍然可貴，這是由於眼睛明晰的人多的緣故；天下不是沒有聾子，然而能辨析事理的士人仍然可貴，這是由於聽覺靈敏的人多的緣故；天下不是沒有亂人，然而堯舜仍然可貴，這是由於可教育的人多的緣故。」孔子說：「君主好比是盂，百姓好比是水。盂是方形，那麼水也成方形；盂是圓形，那麼水也成圓形。」君主有什麼愛好而百姓會不隨從的呢！往時句踐愛好人的勇敢，因而百姓看輕死亡；楚靈王愛好人的腰身細小，因而百姓中多餓肚子的人。死亡與饑餓，本來是百姓所憎恨的，然而由於君主確實愛好，百姓就會自然相從，何況是仁義呢！桀紂在據有天下的時候，天下全都亂了，然而關龍逢、王子比干並不參預，所以說全都亂了，那是由於亂的人多啊。堯舜在據有天下的時候，天下全都治理了，然而丹朱、商均不在其內，所以說全都治理了，那是由於被治理的人多啊。因此說：君主確實能做到，百姓自然會相從；卿大夫能做到，百姓就會趨之若鶩；官長能做到，百姓就會像水之奔流而下。百姓中可教育的人多，因此說如同水一樣。

德者，天地萬物得也；義者，天地萬物宜也；禮者，天地萬物體❶也。使天地萬物皆得其宜、當其體❷者謂之大仁。食，所以為肥也，壹飯❸而問人曰：「奚若❹？」則皆笑之。夫治天下，大事也。今人皆壹飯而問「奚若」者也。善人❺以治天地❻則可矣。我奚為而人善？仲尼曰：「得之身者得之民❼，失之身者失之民。」不出於戶而知天下，不下其堂而治四方，知反之於己❽者也。以是觀之，治己❾則人治矣。

【章旨】

指出君主治天下，使天地萬物各得其宜，關鍵在於使己善，只有治己才能治人。

【注釋】

❶體 事物本身之情理。

❷當其體 符合事物本身之情理。意為不能虛假，也不必追求繁縟。

❸壹飯 吃一次飯。

❹奚若 如何；怎麼樣。

❺善人 使人善。

❻治天地 即治天下。

❼得之身者得之民　言自身能善，則百姓亦能善。

❽知反之於己　言對天下四方之事能知道反身而處。

❾治己　修養自己使完善。

【語譯】

德，是使天地萬物有所得的意思；義，是使天地萬物適宜的準則；禮，是對於天地萬物本身情理的一種禮儀性表示。使得天地萬物都能得其所宜，並且使禮儀符合事物本身之情理，這稱為大仁。吃飯，是使身體肥壯的辦法，然而吃一次飯便問別人：「怎麼樣？」那麼大家都會笑他。治理天下，這是大事情。而現在的君主都是「吃一次飯」而問「怎麼樣」的人。要使人善，以此治理天下就可以了。我怎麼做才能使人善呢？仲尼說：「自身能善，則百姓亦能善；自身失去善，則百姓亦失去善。」不走出家門而能知道天下，不走下堂而能治理四方，這是由於知道反身而處的緣故。以此看來，能修養使自己完善，那麼百姓也就治理好了。

神明

【題解】

「神明」的意思是聖人之治天下，猶如天日之明。作者認為聖人以其仁義聖智治天下，引導百姓，他的功德等同天地；又認為聖人之治是採取正己以正人的方法，這是最有效、最完美的政治。因此認定當今天下雖然大亂，還是容易治理的。

仁義聖智參天地❶。天若不覆，民將何恃何望？地若不載，民將安居安行❷？聖人若弗治，民將安率安將❸？是故天覆之，地載之，聖人治之。聖人之身猶日也。夫日圓尺❹，光盈天地。聖人之身小，其所燭❺遠。聖人正己而四方治矣。上綱苟直，百目皆開❻；德行苟直，群物皆正。政❼也者，正人❽者也。身不正，則人不從。是故不言而信，不怒而威，不施而仁❾，有諸心❿而彼正，謂之至政⓫。今人曰：「天下⓬亂矣，難以為善。」此不然也。夫饑者易食，寒者易衣，此亂而後易為德也。

【注釋】

❶仁義聖智參天地　指聖人仁義之德行、聖明之智可與天地相並列。參，三者相並列。

❷安居安行　在何處居住，在何處行走。安，何。

❸安率安將　何人引導他們，幫助他們。率，率領；引導。將，幫助。

❹圓尺　直徑一尺之圓形。此謂人從地面觀望日之大小形狀如此。

❺所燭　影響所及。燭，照耀。這裡引申作「影響」解釋。

❻上綱苟直二句　指只要網上方的總繩正直，那麼下面眾多的網眼都會張開。

❼政　原作「正」，汪繼培校改作「政」。是。

❽正人　使人正直。

❾不施而仁　言不施加恩惠而體現仁愛。

❿有諸心　在心中有著。指正己之意。

⓫至政　最完美的政治。

⓬天下　「下」字原脫，汪繼培所補。

【語譯】

聖人的仁義之德、聖明之智功同天地。天假若不覆蓋，那麼民眾將依恃什麼？仰望什麼？地假若不負載，那麼民眾將在何處居住？在何處行走？聖人假若不治理，那麼民眾將由誰來引導他們？幫助他們？所以，是天覆蓋他們，地負載他們，聖人治理他們。聖人之身猶如太陽。太陽雖為直徑一尺之圓物，然而它光滿天地。聖人之身雖小，然而他的影響深遠。聖人端正自己，從而使四方得到治理。網只要上面的綱繩正直，那麼下面的眾多網眼都會張開；君主只要德行正直，那麼民眾都會正直。政治，就是使人正直的措施。自身不正直，那麼人們就不會隨從。因此能不說話而得到信賴，不發怒而有著威望，不施加恩惠而體現仁愛，心存正己之意，從而使得人們也正直，這就稱為最完美的政治。現在有人說：「天下都亂了，難以做這樣的好事。」事情並不如此。饑餓的人容易給他東西吃，寒冷的人容易給他衣服穿，這說明經亂之後是容易給予道德影響的。

止楚師

【題解】

本篇記述墨子止楚攻宋的事跡。止楚攻宋，是墨子「兼愛」、「非攻」思想的具體反映，也是墨子無私奉獻精神的生動體現。此事雖已不詳其時日，但確有其事，卻是毋庸置疑的。此事在發生當時，已為世人所矚目，故即傳為美談。據今所見，記述此事最完備的是《墨子‧公輸》。它當出於墨家後人之手。文中對於事情的始末，曲折的情節，以及墨子萬難不辭無私無畏的奉獻精神、智足多謀、能言善辯，以及高超的戰術等，都作了充分的描寫。它也廣見於其他書籍，除《尸子》外，還有《戰國策‧

宋策》、《呂氏春秋・愛類》、《淮南子・脩務》等，所記情節與文字，均大同而小異。尸子對墨子本極推崇，多方面吸取了墨子的思想，所以他會收錄此事，乃是合乎情理不足為奇的。《藝文類聚》、《太平御覽》載其文而明言引自《尸子》，故《諸子彙函》與孫星衍校本均以「止楚師」題篇而錄入《尸子》。汪繼培以其為《墨子・公輸》之文，而《諸子彙函》與孫校本誤收入《尸子》，恐非。

公輸般為楚設機❶，將以攻宋❷。墨子聞之，百舍❸重繭❹，往見公輸般。問❺之曰：「吾自宋聞子，吾欲藉子殺王。」公輸般曰：「吾義❻，固❼不殺王。」墨子曰：「聞公❽為雲梯，將以攻宋，宋何罪之有❾？義不殺王而攻國，是不殺少而殺眾，敢問❿攻宋何義也？」公輸般服焉。請見之王⓫。

【章旨】

記公輸般為楚製造雲梯，將用以進攻宋國。墨子聞訊，不辭千辛萬苦地前往楚國，並機智地從道義上折服了公輸般。

【注釋】

❶**公輸般為楚設機**　言公輸般為楚國設製了一種軍事器械。公輸般，魯國巧匠，亦稱作「魯班」，「般」或作「盤」。楚，諸侯國名，其地域在今湖北、湖南一帶。機，器械，指雲梯，即攻城時用來登城的器械。

❷**宋**　周分封諸侯國，其地域在今河南東部和山東、江蘇、安徽間。

❸**百舍**　百次止宿，即長途跋涉之意。

❹**重繭**　足因久行摩擦之故，在足底生出不斷加厚的硬皮，稱為重繭。繭，亦作「趼」。

❺問　猶「言」。

❻吾義　謂我注重道義。

❼固　堅決。

❽公　當為「子」字之誤。前文墨子均以「子」稱公輸般，不當於此處突然改稱「公」。

❾何罪之有　即「有何罪」。

❿敢問　冒昧地問。敢，為表敬副詞。

⓫請見之王　請將我向楚王引見。

【語譯】

公輸般為楚國設製了一種軍事器械，將要用它來進攻宋國。墨子聞知此事後，長途跋涉，足底生出厚厚的老繭，前去見公輸般。墨子對公輸般說：「我在宋國就聽到先生令名，我打算依仗先生來殺死楚王。」公輸般說：「我注重道義，決不殺楚王。」墨子說：「聽說先生設製雲梯，將要用它來進攻宋國，宋國有什麼罪呢？您注重道義不殺楚王卻去進攻宋國，這是不殺個別之人卻去殺眾多的人，我冒昧地問一聲，進攻宋國是什麼道義？」公輸般因而屈服。於是墨子請他向楚王引見自己。

墨子見楚王，曰：「今有人於此，舍其文軒❶，鄰有敝輿❷而欲竊之；舍其錦繡，鄰有短褐❸而欲竊之；舍其粱肉❹，鄰有糟糠而欲竊之：此為何若❺人也？」王曰：「必為有竊疾矣！」墨子曰：「荊❻之地方五千里，宋方五百里，此猶文軒之與敝輿也。荊有長松文梓❼楩楠豫章，宋無長木，此猶錦繡之與短褐也。荊有雲夢，犀兕❽麋鹿盈之，江漢之魚鱉黿鼉❾為天下饒，宋所謂無雉兔鮒魚❿者也，此猶粱肉之與糟糠也。臣以王使攻宋，為與之⓫同類也。」王曰：「善哉！請⓬無攻宋。」

【章旨】

記墨子見楚王後，以有人捨其精良之物不享用而欲竊人之粗劣者為喻，比說楚攻宋之不當。楚王服其說，從而取消了攻宋的計劃。

【注釋】

❶文軒　飾有文彩之車。

❷敝輿　破舊之車。

❸短褐　用獸毛或粗麻製成的短衣，古時為貧窮人所穿。

❹粱肉　精美的飯菜。

❺何若　什麼樣。

❻荊　即楚國。

❼文梓　梓樹。因其文理細密，故稱文梓。

❽犀兕　即犀牛，雌性者稱「兕」。犀牛體大於牛，鼻上有一角或二角，間亦有三角者。皮無毛而極堅厚，古人多用以製甲。

❾黿鼉　動物名。黿，鼈類，俗稱「癩頭黿」。鼉，鱷魚的一種，會爬行，亦稱「鼉龍」，俗稱「豬婆龍」。皮可製鼓。

❿鮒魚　鯽魚。

⓫之　指「有竊疾」者。

⓬請　願。

【語譯】

墨子見到楚王，說：「現在這裡有一個人，捨棄他的彩車，而鄰居有破舊之車卻想偷過來；捨棄他的錦繡，而鄰居有粗劣短衣卻想偷過來；捨棄他的精美可口的飯菜，而鄰居有糟糠卻想偷過來：這是什麼樣的人？」楚王說：「一定是有偷竊毛病的了！」墨子說：「楚國之地五千里見方，而宋國卻僅五百里見方，這就好比彩車與破舊之車。楚國有高大的松樹、文理細密的梓樹、楩樹、楠木、樟樹，而宋國卻沒有高大的樹木，這就好比錦繡與粗劣短衣。楚國有雲夢澤，裡面充滿了犀兕麋鹿等動物，長江漢水之中的魚鼈黿鼉，更是天下最多的，而宋國則連山雞、兔子、鯽魚都沒有，這就好比精美的飯菜與糟糠。臣以為王派人去攻打宋國，是與這犯偷竊毛病者的所作所為屬同一類型。」楚王說：「好呀！我願意取消攻打宋國的計劃。」

君治

【題解】

本篇論述做君主者當如何治理天下的事。全文乃《諸子彙函》之編者彙集尸子有關君主治天下之言論加以整理而成，篇名亦為編者所加。篇中以燧人氏、宓羲氏、神農氏、堯、舜、禹、湯等人為例，說明君主之治理天下，猶如日月之照耀。他們為了務求兼愛廣利天下，以其仁義智勇造福群生。故或教民漁獵，或為民正四時之制，或為民排除患難。他們為此而備極艱辛，達到了忘我的境地，然而他們自奉又極其簡樸，因而使天下歸心，社會大治。這裡顯然寄託著尸子對於君主治理天下的美好理想。

日五色❶，至陽之精❷，象君德也。五色照曜❸，君乘土❹而王。八極❺之內，有君長之❻，東西二萬八千里，南北二萬六千里。故曰天左舒而起牽牛❼，地右闢而起畢昴❽。燧人上觀星辰❾，下察五木以為火❿。燧人之世，天下多水，故教民以漁。宓羲氏⓫之世，天下多獸，故教民以獵。神農⓬理天下，欲雨則雨。五日為行雨⓭，旬為穀雨⓮，旬五日為時雨⓯。正四時之制⓰，萬物咸⓱利，故謂之神。少昊金天氏邑於窮桑⓲，日五色，互照⓳窮桑。

【章　旨】

以燧人氏、宓羲氏、神農氏等為例，說明他們之治理天下，猶如日光之照耀，因為他們之所作所為全在利民。

【注釋】

❶**日五色** 日發出多種色彩。五色，一般指青、黃、赤、白、黑，此則指多種色彩。日光在雨後經大氣折射所出現之彩虹，即分為紅、橙、黃、綠、藍、靛、紫七種色彩。作者基於他對日光的觀察分析，而認為日光並非單色。

❷**至陽之精** 陽氣極盛之光。精，明光。

❸**曜** 通「耀」。

❹**乘土** 憑藉大地。

❺**八極** 八方邊遠之地。

❻**有君長之** 孫星衍校云：「案《太平御覽．地部》引作『有君長者』。」案：「之」當從孫校作「者」。

❼**天左舒而起牽牛** 言天體自牛宿開始向西運轉。左，向西。舒，伸展，此指運轉。牽牛，星名，即河鼓，俗稱牛郎星。此指牛宿，二十八宿之一，為北方玄武七宿之第二宿。

❽**地右闢而起畢昴** 言地自畢昴二宿之分野而向東運轉。右，向東。闢，動。畢昴，二十八宿

之二宿，為西方白虎七宿之第四宿（昴）和第五宿（畢）。此指二宿之分野，即西方之地。

❾燧人上觀星辰　言燧人氏觀察星體運行的跡象。燧人，即燧人氏，傳說古帝名，發明鑽木取火，使民熟食。星辰，眾星。

❿下察五木以為火　言觀察地面上五種木材用以取火。五木，因四季不同而用五種木材：春取榆柳、夏取棗杏、季夏取桑柘、秋取柞楢、冬取槐檀。

⓫宓羲氏　傳說古帝名，始作八卦，教民漁獵畜牧。宓，或作「伏」、「包」、「庖」。羲，或作「犧」。

⓬神農　即神農氏，傳說古帝名，教民從事農業生產。又說他曾嚐百草，發現藥材。一說即炎帝。

⓭五日為行雨　指下五日雨稱為行雨。

⓮旬為穀雨　指下十日雨稱為穀雨。

⓯旬五日為時雨　指下十五日雨稱為時雨。

⓰正四時之制　指確定四季之季節。

⓱咸　皆。

⓲少昊金天氏邑於窮桑　是說少昊金天氏居於窮桑之邑。少昊金天氏，傳說古部落首領名。少昊，亦作「少皞」。名摯，為黃帝子。因以金德王，故也稱金天氏。窮桑，其地在魯北，或說

即曲阜。

⑲互照　二者皆照。

【語　譯】

日光有五種色彩，這是陽氣極盛之光，象徵君主之德。五色之光照耀，君主憑藉大地而成就王業。在八極之內，有君長的地域，東西寬二萬八千里，南北長二萬六千里。因而說天體自牛宿開始向西運轉，地面自畢昴二宿之分野向東運轉。燧人氏向上觀察星體運行的跡象，向下觀察五種木材用以取火。燧人氏之時代，天下多水，因此教民捕魚的方法。宓羲氏之時代，天下多野獸，因此教民打獵的方法。神農氏治理天下，人們希望下雨就下雨。下五日雨稱為行雨，下十日雨稱為穀雨，下十五日雨稱為時雨。確定四季的季節，使萬物都得到利益，故稱之謂「神」。少昊金天氏居於窮桑之邑，日光五彩，與少昊氏共同照耀窮桑這個地方。

人之言君天下者瑤臺九累❶，而堯白屋❷；黻衣九種❸，而堯大布❹；宮中三市❺，而堯鶉居❻；珍羞❼百種，而堯糲飯❽菜粥；騏驎青龍❾，而堯素車玄駒❿。舜兼愛⓫百姓，務利天下。其田歷山⓬也，荷彼耒耜⓭，耕彼南畝⓮，與四海俱有其利。其漁雷澤⓯也，旱則為耕者鑿瀆⓰，儉⓱則為獵者表虎⓲。故有光若日月，天下歸之若父母。古者龍門未闢⓳，呂梁未鑿⓴，河出於孟門之上㉑，大溢㉒逆流，無有丘陵㉓，高阜滅之㉔，名曰洪水。禹於是疏河決江㉕，十年未闞㉖其家。手不爪㉗，脛不毛㉘，生偏枯之疾㉙，步不相過㉚，人曰「禹步」。禹長頸鳥喙㉛，面貌亦惡矣，天下從而賢之，好學㉜也。湯之救旱也，乘素車白馬，著布衣，身嬰白茅㉝，以身為牲㉞，禱於桑林之野㉟。當此時也，絃歌鼓舞㊱者禁之。文王四乳，是謂至人㊲。武王已戰㊳之後，三革不累㊴，五刃不砥㊵，牛馬放之歷山，終身弗乘也。

【章旨】

列舉堯、舜、禹、湯、周文王、周武王之事例，說明他們出於愛民之心，自奉極其簡樸，然而卻艱苦卓絕地為百姓排除患難，使他們能過安樂和平的生活。

【注釋】

❶瑤臺九纍　美玉砌成的臺有九層之高。纍，重；層。

❷白屋　住房不施加色彩，為平民所居。

❸黻衣九種　言古天子之禮服有九種。黻衣，為繡有青黑相間如亞形花紋之禮服。

❹大布　粗布。

❺宮中三市　天子、諸侯路寢（正室）後有三市，即大市、朝市、夕市。大市為日昃而市，朝市為朝時而市，夕市為夕時而市。

❻鶉居　如鶉之居，指居於野外。有說如鶉之居無定所。

❼珍羞　珍貴的美味佳肴。羞，美味食物。

❽糲飯　粗米飯。

❾騏驎青龍　皆駿馬名。

❿素車玄駒　形容節儉。素車，不加雕飾上漆之車。玄駒，小馬。

⓫兼愛　廣泛愛護。

⓬田歷山　耕種於歷山。歷山，地名，所在不詳。

⓭耒耜　古時耕具。

⓮南畝　向陽的田地，泛指田地。

⓯雷澤　湖澤名，所在不詳。

⓰瀆　河道。

⓱儉　與「險」通。指虎出入之危險區域。

⑱表虎　以物標誌告示虎出入之區域。

⑲龍門未闢　言龍門山沒有開通。龍門，山名。在今陝西韓城與山西河津間。案：此句前原有「舜南面而治天下……禹湯之功不足言也」六十一字，已據汪繼培說移於〈仁意〉。

⑳呂梁未鑿　言呂梁山尚未開鑿。呂梁，山名。在今山西省西部，黃河與汾河間。

㉑河出於孟門之上　指黃河水流高出於孟門山。孟門，山名。在今山西吉縣西。綿亙黃河兩岸。因位於龍門之北，故稱「龍門上口」，即壺口山。

㉒大溢　大肆氾濫。

㉓無有丘陵　言丘陵為大水所淹沒而不可見。

㉔高阜滅之　高的山崗被淹沒。

㉕疏河決江　疏通黃河與長江。決，開通。

㉖闚　窺視；看望。

㉗手不爪　謂手無指甲。

㉘脛不毛　謂小腿不生毫毛。

㉙偏枯之疾　半身癱瘓之病。

㉚步不相過　跨步時後腳不能超過前腳。

❸¹烏喙　如鳥之嘴。

❸²好學　好的榜樣。學，效。

❸³身嬰白茅　指身上纏著白茅。嬰，纏繞。白茅，草名。其地下之莖白軟有節，味甜可食。古時常用以包裹充祭祀之禮物。

❸⁴以身為牲　指將自身作為祈禱上帝的祭品。見〈綽子〉第一章❿。牲，本指供祭祀的牲畜，此借指祭品。

❸⁵桑林之野　即郊野桑林之地。桑林，地名。在今河南商丘郊外，為祭祀之地。

❸⁶絃歌鼓舞　指合絃樂歌唱，隨鼓聲舞蹈。

❸⁷文王四乳二句　言周文王撫養鰥寡孤獨四種窮困無依靠者，這是最大的仁愛。四，指鰥寡孤獨四種人。乳，哺育；撫養。孟子云：「老而無妻曰鰥，老而無夫曰寡，老而無子曰獨，幼而無父曰孤——此四者，天下之窮民而無告者；文王發政施仁，必先斯四者。」《孟子・梁惠王下》孟子所言，正與尸子此句之意相合。後人不達「四乳」之意，以為即「四個乳房」。如王充《論衡・骨相》之論「骨法」，即言「傳言」「文王四乳」。然則尸子之意是文王因其「四乳」，故謂之「至仁」。若如王充等人之解，則與「至仁」何涉？其誤顯然。至人，孫星衍校云：「案《太平御覽・人事部》引作『至仁』。」是。

❸❽已戰　已結束討滅商紂之戰。

❸❾三革不累　言武器不再聚集。三革，甲、冑、盾，泛指武器。累，聚集。

❹⓪五刃不砥　言五種有鋒刃的兵器不再磨礪。五刃，刀、劍、矛、戟、矢。

【語譯】

人說統治天下的君主居住於美玉所砌的九層之臺，而堯卻住不施色彩的房屋；君主穿的繡有圖案的禮服有九種，而堯卻穿粗布衣服；君主宮中設有三種集市，而堯卻居住在野外；君主所吃珍貴的美味佳肴有百種，而堯卻吃糙米飯或菜粥；君主乘坐由騏驎、青龍等駿馬駕的車，而堯乘的是由小馬駕的不加雕飾上漆的車。舜廣泛地愛護百姓，務必使天下人得利。他在歷山耕種之時，肩扛耒耜，到田間去耕種，與天下人同樣從中得到收穫。他在雷澤捕魚之時，天早就為農夫開鑿河道，遇到老虎出入之險區，則為打獵的人作出標誌。因此他如日月一般地光照人間，天下人歸附於他好像歸附於父母一樣。古時候龍門山還沒有開通，呂梁山也尚未開鑿，黃河之水竟高出於孟門山之上，河水大肆氾濫，以至於倒流，丘陵消失了，高崗被淹沒了，這稱為「洪水」。禹於是疏通黃河與長江，十年時間不能去探望他的家。弄得手上不生指甲，小腿上不生毫毛，得了半身癱瘓的毛病，走路時後腳跨上去不超過前腳，人們把它稱為「禹步」。禹項頸長，嘴巴像鳥的嘴巴，面貌也醜陋，然而天下人跟隨著他，稱他為賢君，把他奉為好的榜樣。湯為了解救旱情，乘著用小馬駕的不加雕飾上漆的車子，穿著布衣，身上纏著白茅，把自己作為祭品，在郊野桑林之地向天帝祈禱。在這個時候，合著絃樂歌唱和隨鼓聲舞蹈的事一概禁止。周文王撫養鰥寡孤獨四種人，這可以說是最大的仁愛。周武王已戰勝商紂之後，甲、冑、盾三種兵器不再聚集，刀、劍等五種有鋒刃的兵器也不再磨礪，將牛馬放歸歷山，終身不再乘用。

夫黃帝曰合宮❶，有虞氏曰總章❷，殷人曰陽館❸，周人曰明堂❹。皆所以名，休其善也❺。夫堯舜所起，至治❻也；湯武所起，至亂也。問其成功孰治❼？則曰堯舜治。問其孰難？則曰湯武難❽。是以日光盈尺，光滿天下；聖人居室❾，而所燭彌綸六合❿。

【章旨】

論述天子之明堂，自黃帝至周，歷代名稱雖異，但皆取廣治天下之美意。天子成就功業雖有難易之別，然而其光照天下之作用實相同。

【注釋】

❶**黃帝曰合宮**　言黃帝時將明堂稱為合宮。黃帝，古帝名。姬姓，號軒轅氏、有熊氏。合宮，即明堂。為古帝王宣明政教之建築。阮元〈明堂論〉云：「明堂者，天子所居之初名，是故祀上帝則於是，養老尊賢教國子則於是，饗射獻俘馘則於是，治天文告朔則於是，抑且天子寢食恒於是，此古之明堂也。」

❷**有虞氏曰總章**　言舜時將明堂稱為總章。總章，取其總成萬物而彰明之之意。

❸殷人曰陽館 言殷商時將明堂稱為陽館。

❹周人曰明堂 言周時始稱明堂。

❺皆所以名一句 言所以如此命名，都取讚美它起著美好作用的意思。休，美。善，美好的作用。

❻至治 社會極其治理的時代。

❼孰治 誰簡易。治，簡習；平易。

❽湯武難 言湯武由至亂之世而至於成功，其事艱難。案：此句下本有「治天下有四術：一曰忠愛，二曰無私，三曰用賢，四曰度量。通財則用足（當作「度量通，則財足矣」）；用賢，則多功；無私，百智之宗也；忠愛，父母之行也」四十六字。孫校云：「《群書治要》引在〈治天下篇〉，與此〈君治篇〉疑一篇之譌。」案：此文既已見於〈治天下〉，故此處刪去。

❾居室 言居於明堂。

❿彌綸六合 言包括天下四方。彌綸，周匝包羅。六合，天地四方。

【語譯】

對天子的明堂，黃帝稱為合宮，有虞氏稱為總章，殷人稱為陽館，周人稱為明堂。所以如此命名，都是讚美它能起美好的作用。堯舜興起之時，是極治之世；湯武興起之時，是極亂之世。問他們的成功誰簡易？回答是堯舜簡易。問他們誰艱難？回答是湯武艱難。因此日光直徑滿一尺，卻光滿天下；聖人居於明堂，卻能光照天地四方。

聖人畜仁而不主仁❶，畜義而不主義，畜勇而不主勇，畜智而不主智。昔齊桓公脅於魯君而獻地❷，句踐脅於會稽而身宮之❸，趙襄子脅於智伯而以顏為愧❹。其卒❺，桓公臣魯君❻，句踐滅吳❼，襄子以智伯為戮❽：此謂勇而能怯者也。仁則人親之，義則人尊之，勇則人畏之，智則人用之❾。喻之水焉：水有四德：沐浴群生❿，流通萬物，仁也；揚清激濁⑪，蕩去滓穢⑫，義也；柔而能犯，弱而能勝，勇也；導江疏河，惡盈流謙⑬，智也。

【章旨】

指出君主當涵養仁、義、勇、智之品性，以使人親近、尊重、敬畏、聽從，但不執一不化。

【注釋】

❶**聖人畜仁而不主仁**　言聖人涵養仁德卻不專主於仁。畜，養。

❷**昔齊桓公脅於魯君而獻地**　言魯將曹沫劫盟，脅迫齊桓公歸還所侵魯地。魯君，魯莊公。魯為周分封諸侯國，其地域在今山東西南部。相傳曹沫為魯莊公將，齊軍伐魯，曹沫三戰皆敗，

莊公獻遂邑之地以求和，與齊盟於柯。曹沫於盟時執匕首劫齊桓公，迫使桓公歸還所侵之地。

❸**句踐脅於會稽而身宮之** 言越王句踐為吳王夫差所迫而困於會稽，後入吳侍奉夫差。會稽，山名。在今浙江紹興東南。身宮之，汪繼培湖海樓本作「身官之」。云：「官，一本作『事』，案作『官』是也。〈越語〉云：『與范蠡入官於吳三年，而吳人遣之。』《韓非子・飾邪》云：『越王句踐與吳戰而不勝，身臣入官於吳。』《越絕書・請糴內傳》云：『越王去會稽，入官於吳三年，吳王歸之。』《吳越春秋・句踐入臣傳》云：『客官於吳。』」案：作「身官之」是。官，猶「事」。侍奉。

❹**趙襄子脅於智伯而以顏為愧** 言趙襄子為智伯所脅迫而只在顏面上表示羞愧。趙襄子，春秋晉卿，名無恤（亦作「毋卹」），趙簡子之子。智伯，春秋晉卿，即荀瑤，亦作「知伯」。知伯自趙簡子於西元前四七五年（魯哀公二十年）卒後為晉之執政大臣。趙襄子脅於智伯，《史記・趙世家》云：「晉出公十一年，知伯伐鄭。趙簡子疾，使太子毋卹將而圍鄭。知伯醉，以酒灌擊毋卹。」即其事。以顏為愧，〈趙世家〉又云：「毋卹群臣請死之。毋卹曰：『君（指趙簡子）所以置毋卹，為能忍詬。』然亦慍知伯。」即指其事，說他面對知伯之淩辱而能強忍。

❺**卒** 終了。

❻**桓公臣魯君** 言齊桓公使魯莊公臣服。即服從齊桓公的霸主地位。

❼句踐滅吳　西元前四七三年，越王句踐滅吳，夫差自殺。

❽襄子以智伯為戮　言趙襄子誅殺智伯。西元前四五五年，智伯向韓康子、魏桓子索地，兩家都給了他。又向趙襄子索地，襄子因圍鄭之辱而不給。於是智伯與韓、魏兩家圍趙晉陽。智伯並引汾水灌其城。次年，趙臣張孟談說韓、魏與趙聯合，於是決水灌智伯軍，擒殺智伯而三分其地。戮，誅殺。

❾人用之　人們聽從他。

❿沐浴群生　言使眾多生物受惠。沐浴，喻受惠。

⓫揚清激濁　使清者上揚，而激流蕩去污濁。

⓬滓穢　污穢。

⓭惡盈流謙　言厭惡盈滿而流向不足之處。謙，不足。

【語　譯】

聖人涵養仁卻不專主於仁，涵養義卻不專主於義，涵養勇卻不專主於勇，涵養智卻不專主於智。從前齊桓公被魯莊公所脅迫而獻地，句踐被吳王夫差所脅迫困於會稽而入吳侍奉夫差，趙襄子為智伯所脅迫而只在顏面上表示羞愧。結果齊桓公使魯莊公臣服，句踐滅亡了吳國，趙襄子誅殺了智伯：這是說勇卻會怯弱的情況。做到仁，人們就親近他；做到義，人們就尊重他；做到勇，人們就敬畏他；做到智，人們就聽從他。用水來作比喻：水有四種品性：使眾多生物受惠，使萬物流通，這是仁；能使清者上揚，用激流沖走污濁、蕩去穢物，這是義；柔而能進犯，弱而能取勝，這是勇；能疏導江河，厭惡盈滿而流向不足之處，這是智。

孔子曰：「商❶，汝知君之為君乎？」子夏曰：「魚失水則死，水失魚猶為水也❷。」孔子曰：「商知之矣。」日在井中，不能燭遠；目在足下，不可視近，雖明❸何益？故君之有國也，猶天之有日，居不高則不明，視不尊❹則不遠。

【章　旨】

以魚水之喻說明君主以民為本。又以日與目為喻，說明君主必須居高視遠。

【注　釋】

❶商　卜商，字子夏，春秋衛人。孔子弟子。
❷魚失水則死二句　喻君主離不開民眾，民眾卻不依靠君主。
❸明　視力明晰。
❹不尊　不高。

【語　譯】

孔子說：「商，你知道君主怎樣做君主嗎？」子夏說：「魚失去了水就會死，水失去了魚仍然是水。」孔子說：「商懂得這個道理了。」日處在井中，不能照到遠方；眼睛生在腳下，不能看到近的東西，雖然視力明晰，有什麼好處？因此君主擁有國家，好像天空有日，所居不高就不明亮，所視不高就看不遠。

佚文

171 文佚

1. 澤行乘舟，山行乘樏❶，泥行乘蕝❷。

【注釋】

❶樏 即「橋」，直轅車。❷蕝 通「橇」。以板置泥上而行路。

【語譯】

行於水澤要乘船，行於山陵要乘直轅車，行於泥地要乘橇。

2. 傅巖❶在北海之洲❷。

【注釋】

❶傅巖　古地名。傅為殷時傅說版築之處。說築於傅巖之野，為武丁（殷高宗）所訪得，舉以為相，使殷出現中興的局面。傅巖所在已不詳。《讀史方輿紀要》謂其地在山西省平陸縣東三十五里，俗名聖人窟。❷北海之洲　言北海中之洲。北海，傳說北方之海。

【語譯】

傅巖在北海之中的陸洲之上。

3. 悅(ㄩㄝˋ)尼(ㄋㄧˋ)❶而(ㄦˊ)來(ㄌㄞˊ)遠(ㄩㄢˇ)。

【注釋】

❶悅尼　使近者喜悅。尼，近。

【語譯】

使近者喜悅而遠者來歸。

4\. 舞夏❶，自天子至諸侯皆用八佾❷，初獻六羽❸，始厲樂❹矣。

【注釋】

❶舞夏　舞者手持大雉之羽而舞。❷八佾　古代天子專用的舞樂。其舞為舞者分八列，每列八人，共六十四人。諸侯按禮制用六佾，即舞者分六列，每列亦八人，共四十八人。現諸侯亦用八佾，這是僭禮。佾，列。❸初獻六羽　言魯隱公初次改用六佾。初獻，初用。六羽，即六佾。尸子這是就隱公事而言的。《春秋·隱公五年》云：「九月，考仲子之宮，初獻六羽。」即魯桓

公之母仲子的宗廟落成，為此舉行祭祀而初用六佾。❹厲樂　符合舞樂之禮制。厲，合。

【語　譯】

舞者手持大雉之羽而舞，當時從天子至諸侯都用八佾之形式，魯隱公初次改用六佾之形式，於是開始符合禮樂之制。

5. 夫已❶，多乎道❷。

【注　釋】

❶已　阻止。尸子這是就魯桓公九年，「曹伯使其世子射姑來朝」（《春秋・桓公九年》）而言的。曹伯，即曹桓公，因年老有病，故使其太子射姑代己前往魯國朝見魯桓公。《穀梁傳・桓公九年》云：「冬，曹伯使其世子射姑來朝。朝不言『使』，言『使』非正也。使世子伉諸侯之禮而來朝，

曹伯失正矣。諸侯相見曰朝。以待人父之道待人之子以內，為失正矣。內失正，曹伯失正，世子可以已矣，則是放（案：「放」原作「故」。阮元《穀梁注疏校勘記》云：「《石經》「故」作「放」。段玉裁《太平御覽》一四七卷引同。」）命也。」已，謂射姑阻止曹桓公使己代行往魯朝見魯桓公。❷多乎道　謂多方面合於道。范甯《穀梁傳集解》：「邵曰：「止曹伯使朝之命，則曹伯不陷非禮之愆，世子無苟從之咎，魯無失正之譏。三者正，則合道多矣。」」

【語譯】

假如射姑能阻止曹桓公之命，那就可多方面合於道。

6. 天神曰靈，地神曰祇，人神曰鬼。鬼者歸也❶，故古者謂死人為歸人。

【注釋】

❶鬼者歸也　言鬼為人之歸宿。《說文解字》云：「鬼，人所歸為鬼。」段玉裁注云：「以疊韻為訓。」

【語譯】

天之神靈稱為靈，地之神靈稱為祇，人之神靈稱為鬼。稱鬼是表示歸宿的意思，所以古時將人之死稱為人之歸。

7. 蜺❶，挈貳❷其別名也。

【注釋】

❶蜺 通「霓」。副虹，即虹之外環，其色有別於正虹，紅色在內，紫色在外，顏色較淡。❷挈貳 即霓。

【語譯】

蜺，挈貳是它的別名。

8. 五尺大犬為猶。

【語譯】

五尺高的大狗稱為猶。

9. 大牛為犉，七尺；大羊為羬，五尺；大豕為豝，五尺。

【語譯】

七尺高的大牛稱為犉，五尺高的大羊稱為羬，五尺高的大豬稱為豟。

10.春為忠❶。東方為春❷。春，動也❸。是故鳥獸孕孳❹，草木華生❺，萬物咸遂❻，忠之至也。夏為樂❼。南方為夏❽。夏，興也❾。南，任也❿。是故萬物莫不任興⓫蕃殖充盈，樂之至也。秋為禮⓬。西方為秋⓭。秋，肅也⓮。萬物莫不肅敬，禮之至也。冬為信⓯。北方為冬⓰。冬，終也⓱。北方，伏方也⓲。萬物至冬皆伏，貴賤若一，美惡不異，信之至也。

【章旨】

論述一年四季自然界的規律性變化，及它們所象徵的德性、所表示的方位。

【注釋】

❶春為忠　言春季體現了對於萬物之愛心。忠，愛。❷東方為春　言春作為方位名稱，指東方。❸春動也　言春季是以萬物始動為特徵。《說文》云：「東，動也。」《白虎通・五行》云：「東方者，動方也，萬物始動生也。」❹孕孳　繁殖。❺華生　開花生長。❻咸遂　皆成。❼夏為樂　言夏季體現了快樂。❽南方為夏　言夏作為方位名稱，指南方。❾夏興也　言夏季是以萬物興盛為其特徵。❿南任也　言夏季萬物得到保養。南，指夏季。任，保養。《說文》：「任，保也。」⓫任興　得到保養而興盛。⓬秋為禮　言秋季體現了禮義。⓭西方為秋　言秋作為方位名稱，指西方。⓮秋肅也　言秋季以萬物被摧折為其特徵。肅，殺；損。⓯冬為信　言冬季體現了分明。信，分明。⓰北方為冬　言冬作為方位名稱，指北方。⓱冬終也　言冬季為一年之終了。《說文》：「冬，時盡也。」⓲北方伏方也　言北方是萬物皆藏匿之地方。伏，藏匿。

【語譯】

春季體現了愛。東方稱為春。春季，萬物始動。因此鳥獸繁殖，草木開花生長，萬物皆成，體現了最充分的愛。夏季體現了快樂。南方稱為夏。夏季，萬物興盛。夏季，萬物得到保養。因此萬物無不得到保養而興盛，繁殖而充滿，體現了最大的快樂。秋季體現了禮義。西方稱為秋。秋季，萬物被摧折。因此萬物無不肅敬，體現了最崇高的禮義。冬季體現了分明。北方稱為冬。冬季，是年終。北方，是萬物藏匿之地。萬物到了冬季都藏匿，貴賤如一，美惡無別，體現了最大的分明。

11. 徐偃王❶有筋而無骨❷。

【注釋】

❶徐偃王　西周穆王時徐國國君。徐偃王時徐國強大，偃王曾率九夷（淮、泗一帶各部族）攻

周。穆王命楚伐徐，滅之。酈道元《水經注·濟水》云：「偃王治國，仁義著聞。欲舟行上國，乃通溝陳蔡之間。得朱弓矢以得天瑞，遂因名為號，自稱徐偃王。江淮諸侯服從者三十六國。周王聞之，遣使至楚令伐之。偃王愛民，不鬬，遂為楚敗。北走彭城武原縣東山下，百姓隨者萬數。」徐國其地在今安徽泗縣。❷有筋而無骨　喻其柔弱不鬥。

【語譯】

徐偃王好比有筋肉而無骨骼。

12. 昔者，舜兩眸子❶，是謂重明❷。作事成法，出言成章❸。

【注釋】

❶兩眸子　一隻眼中有兩個瞳人。❷重明　即雙瞳人。❸章　法式；規範。

【語譯】

從前，舜眼中有兩個瞳人，這稱為重明。因此，他所作的事就成為法則，他說出的話就成為規範。

13. 堯立誹謗之木❶。

【注釋】

❶誹謗之木　供進諫之木牌。誹謗，諷諫；批評。相傳堯時在橋梁邊樹立木牌，供人們書寫諫言。或說設謗木於宮闕，供批評者擊之以進言。

【語譯】

堯樹立供人進諫的木牌。

14. 行塗以楯❶，行險以撮❷，行沙以軌❸。

【注釋】

❶楯　或作「輴」。行泥路所乘之具。❷撮　乘載器。❸軌　行沙所乘之具。

【語譯】

行於泥路用楯，行於險地用撮，行於沙地用軌。

15. 乘風車。

【語譯】

乘坐憑藉風力推動之車。

16. 虎豹之駒❶，未成文❷而有食牛之氣。鴻鵠之鷇❸，羽翼未全而有四海之心。賢者之生亦然。

【注釋】

❶虎豹之駒　幼小的虎豹。駒，小馬。泛指獸類之幼小者。❷未成文　皮毛之文彩尚未長成。❸鴻鵠之鷇　幼小的天鵝。鴻鵠，天鵝。鷇，需哺之小鳥。

【語譯】

幼小的虎豹，皮毛的文彩尚未長成，而有食牛的氣勢。幼小的天鵝，翅羽尚不豐滿，而有展翅四海之志。賢人之初生，情況也是這樣。

17. 十萬之軍，無將軍❶必大亂。夫義，是萬事之將也。國之所以立者，義也。人之所以生者，亦義也。

【注釋】

❶將軍　統率軍隊之將帥。

【語譯】

十萬人的軍隊，沒有統軍之將必定大亂。而道義，是萬事之「將」。國家所以能夠存在，是由於道義。人之所以能夠生存，也是由於道義。

18. 孔子至於勝母❶，暮矣，而不宿；過於盜泉❷，渴矣，而不飲：惡其名也。

【注釋】

❶勝母　地名。所在不詳。❷盜泉　泉名。在山東泗水東北。

【語譯】

孔子行至勝母，已日暮，卻不住宿；路過盜泉，正口渴，卻不取飲：這是厭惡它們的名稱啊。

19. 孟賁❶水行不避蛟龍，陸行不避兕虎。

【注釋】

❶孟賁　古勇士名。

【語譯】

孟賁行於水中不躲避蛟龍，行於陸上不躲避兕虎。

20.舜得友五人，曰雄陶、續耳、柏楊、東不識、秦不空❶，皆一國之賢人也。

【注釋】

❶舜得友五人二句　五人為舜之友，生平不詳。雄陶，或作「雒陶」。續耳，或作「續身」。柏楊，或作「伯陽」。東不識，或作「東不訾」。秦不空，或作「秦不虛」。

【語譯】

舜得到五個友人，叫雄陶、續耳、柏楊、東不識、秦不空，都是一國的賢人。

21.禹之治水，為喪法❶曰：「毀必杖❷，哀必三年❸。」是則水不救也。故死於陵者葬於陵，死於澤者葬於澤。桐棺三寸❹，制喪三日❺。舜西教於西戎❻，道死，葬南巴❼之中。衣衾三領❽，款木❾之棺，葛以緘之❿。

【章旨】

述禹與舜所行薄葬之法。

【注釋】

❶喪法　治喪之法。❷毀必杖　言人由於居喪時過度悲傷使身體十分消瘦虛弱，故必須依靠枴杖才能站起與行走。毀，毀瘠。❸哀必三年　謂致哀必須三年。即居喪三年。❹桐棺三寸　言用三寸厚的桐木板棺材。桐木質差不耐朽。❺制喪三日　居喪三日。制喪，居喪。❻西戎　居

住於西部的少數民族。❼南巴　古地名。所在無考。或作「南己」。一般傳說以為舜安葬於今湖南寧遠南之九嶷山。❽衣衾三領　給死者穿的衣服三件，裹屍的包被三條。衾，被子。❾款木　同「穀木」。木名。桑科，落葉喬木，木質差，不能耐朽。❿葛以緘之　用葛藤束縛。緘，捆紮；束縛。

【語譯】

禹治理洪水時，本制訂了治喪之法，說：「身體消瘦虛弱到必須靠枴杖才能起立與行走，致哀居喪必須三年。」但這樣做就不能解救水患。因而改為死在山陵就葬在山陵，死在沼澤就葬在沼澤。用三寸厚的桐木棺材，居喪以三日為期。舜西行到住著西方民族的地區進行教化，死在路上，葬在南巴之中。安葬時穿三件衣服，裹三條被，用款木做的棺材，用葛藤加以捆束。

22. 人謂孟賁：「生乎？勇乎❶？」曰：「勇❷。」「貴乎？勇乎？」

曰：「勇。」「富乎？勇乎？」曰：「勇。」三者人之所難能❸，而皆不足以易勇❹，此其所以能懾三軍❺、服猛獸之故也。

【章旨】

言孟賁，生、貴、富三者都不能改易其勇，故能所向無敵。

【注釋】

❶生乎勇乎　言取生還是取勇。❷勇　言取勇。❸三者人之所難能　言生、貴、富三者人所難以不取。❹易勇　改變其勇。❺懾三軍　使諸侯大國全軍畏懼屈服。三軍，周制諸侯大國編制三軍。

【語譯】

有人問孟賁：「要生呢？要勇呢？」答：「要勇。」問：「要貴呢？要勇呢？」答：「要勇。」問：「要富呢？要勇呢？」答：「要勇。」生、貴、富三者人所難以不取，而都不足以改變孟賁之好勇，這是他能夠使諸侯大國之全軍畏懼而屈服、使猛獸畏服的緣故。

23. 車輕道近，則鞭策❶不用。鞭策之所用，道遠任重也。刑罰者，民之鞭策也。

【注釋】

❶鞭策　鞭子。策，鞭。

【語譯】

車子輕、道路近，駕車便不必使用鞭子。使用鞭子的場合，是道路遠而負載重。刑罰，是對付民眾的「鞭子」。

24.中黃伯❶曰：「余左執太行之獶❷而右搏雕虎❸，惟象之未與試❹，吾惑焉。有力者則又願為牛，與象鬪以自試。」今二三子以為義矣，將烏乎試之❺？夫貧窮，太行之獶也；疏賤❻，義之雕虎也。而吾日遇之，亦足以試矣。

【章旨】

由中黃伯鬥獸之言為喻，說明在人貧窮疏賤時可以考驗他能否執守道義。

【注釋】

❶中黃伯　傳說黃帝時人。❷玃　獼猴。❸雕虎　有文彩之虎。❹惟象之未與試　言未嘗試與象鬥。❺今二三子以為義矣二句　指現在某些人自以為執守道義，要怎樣來試驗呢。二三子，對某些人之泛稱。烏，何。❻疏賤　被疏遠輕賤。

【語譯】

中黃伯說：「我左手抓住了太行山的獼猴，而右手搏擊有文彩的老虎，只有象，尚未嘗試與牠鬥，我有所疑惑。有力的人願意作為牛，與象相鬥，以自試其力。」現今某些人自以為執守道義，要怎樣來試驗呢？貧窮，就如同太行山之獼猴；被疏遠輕賤，就如同道義的有文彩的老虎。我們每日遇到它們，便可以試驗了。

25.莒國❶有石焦原❷者，廣尋❸，長五十步，臨百仞之谿，莒國莫敢近也。有以勇見莒子❹者，獨卻行❺劑踵❻焉。此所以服莒國也。夫義之為高原也亦高矣。是故賢者之於義也，必且劑踵焉，此所以服一世也。

【章旨】

以登石焦原之例喻賢者必以義為準則，才能服人。

【注釋】

❶莒國　西周諸侯國名。周武王封少昊之後茲輿於莒。春秋時為楚國所滅。其地在今山東莒縣。❷石焦原　高地名。❸尋　八尺。❹莒子　莒國君主。❺卻行　倒行。❻劑踵　足登上其地。劑，

齊。踵，足。

【語譯】

莒國有一塊叫石焦原的高地，闊八尺，長五十步，下臨百仞之深的山谷，莒國的人沒有人敢靠近。有人憑他的勇敢見莒君，獨個兒倒行到達這個地方，這是他能使莒國人佩服的緣故。義之作為「高地」也算高了。因此，賢人對於義，必定要「到達這個地方」，這樣才能使一世之人信服。

26. 昔周公反政❶，孔子非之❷，曰：「周公其不聖❸乎！以天下讓，不為兆人❹也。」

【注釋】

❶反政　指將代周成王處理國政之權力交還給周成王。據《史記・魯周公世家》云：武王死，成王尚幼，故由周公攝政。在攝政期間，周公曾東征平定管叔、蔡叔、武庚發動的叛亂。又往營成周雒邑。待還都後，成王已長能聽政，於是周公還政於成王。周公攝政共七年。❷非之　非議反政之事。❸不聖　不是聖人。❹兆人　猶萬民。

【語譯】

從前周公將處理國政的權力交還給周成王，孔子非議此事，說：「周公他不是聖人吧！把天下辭讓給人，而不為萬民著想。」

27. 徐偃王好怪，沒深水而得怪魚，入深山而得怪獸者，多列於庭。

【語譯】

徐偃王愛好怪物，凡有人潛入深水捕得怪魚，進入深山捕得怪獸，多陳列在他的庭園之中。

28.凡水其方折❶者有玉，其圓折者有珠，清水有黃金，龍淵❷有玉英❸。

【注釋】

❶方折　水道成直角轉彎。❷龍淵　藏龍之深潭。❸玉英　玉之精華。

【語譯】

凡水流成直角轉彎的地方會有玉，成圓弧形轉彎的所在會有珍珠，水清之處會有黃金，藏龍的深潭會有玉之精華。

29. 大木之有奇靈❶者為若❷。

【注釋】

❶奇靈 奇特的靈驗。古人或以大樹為社樹，以祭祀土地神。❷若 稱大樹之名。

【語譯】

有奇特靈驗的大樹稱為若。

30. 吉玉❶、大龜❷。

【注釋】

❶吉玉　加彩色之玉，意表吉祥。❷大龜　供國家用以占卜之龜。

【語譯】

表示吉祥之彩玉、供國家占卜之龜。

31.木食❶之人，多為仁者，名為若木❷。

【注釋】

❶木食　食樹上之果實。❷若木　樹名。

【語譯】

以食樹上果實為生者，多成為有仁德之人，這種樹，稱為若木。

32. 昆吾之劍可切玉。

【語譯】

產自昆吾之劍可以切玉。

33. 四夷之民有貫胸者❶，有深目者❷，有長肱者❸。黃帝之德常致之。

【注釋】

❶貫胸者　胸部有空洞之人。❷深目者　眼深凹之人。❸長肱者　長臂之人。

【語譯】

四方邊夷之民，有胸部穿洞之人，有眼睛深凹之人，有長臂之人。黃帝憑聖德常招致他們前來。

34. 韓雉❶見申羊❷於魯。有龍飲於沂❸。韓雉曰：「吾聞之：出見虎，搏之；見龍，射之。今弗射，是不得行吾聞也。」遂射之。

【注釋】

❶韓雉　人名。不詳。❷申羊　人名。不詳。❸沂　水名。源出山東魯境，至江蘇入海。

【語譯】

韓雉在魯見申羊。看到有龍在沂水飲水。韓雉說：「我聽說：出外見到虎，就與牠搏鬥；見到龍，就向牠射擊。現在我不射擊，這是不能把聽到的付諸行動。」於是就向龍射擊。

35. 莒君好鬼巫而國亡❶。無知之難，小白奔焉❷。樂毅攻齊，守險全國❸。

【注釋】

❶莒君好鬼巫而國亡　言莒君由於喜好鬼神巫術而亡國。莒國於西元前四三一年（楚簡王元年）為楚所滅，其時莒君好鬼巫之事不詳。❷無知之難二句　言齊在公孫無知被立為齊君之禍難時刻，公子小白出奔於莒。西元前六八六年（魯莊公八年），齊內亂，齊襄公被連稱、管至父所殺，而立公孫無知為君。❸樂毅攻齊二句　言樂毅率軍攻齊，莒城因能據守險要而得以保全。國，城邑。樂毅，戰國燕將。燕昭王時任為上將，聯合趙楚韓魏，統率五國之軍伐齊，攻占七十餘城，僅莒與即墨未下。案：莒城在西元前四一二年又為齊宣王所取。莒自被滅於楚後不再為國。汪繼培云：「下云『無知之難，小白奔焉；樂毅攻齊，守險全國』云云，乃酈氏歷舉莒事，孫本屬於《尸子》，誤。」汪說疑是。

【語譯】

莒國君主因喜好鬼神巫術而亡國。齊在公孫無知被立為齊君之禍難時刻，公子小白出奔於莒。樂毅攻打齊國之時，莒城因能據守險要故得以保全。

36.楚狂❶接輿❷耕於方城❸。

【注釋】

❶狂　狂人。此指佯狂，即裝瘋。❷接輿　傳說為春秋時楚國隱士，佯狂避世。❸方城　山名。春秋時為楚地，在今河南葉縣南。

【語譯】

楚國狂人接輿在方城耕種。

37.距虛❶不擇地而走。

【注釋】

❶距虛　獸名。或作「駏驉」。據《急就篇》注云：「距虛，即蛩蛩也，似馬而有青色。一曰：距虛似騾而小。」

【語譯】

距虛不選擇地面而奔跑。

38.曼丘氏❶。

【注釋】

❶曼丘氏　姓氏名。

39.隱者西鄉曹❶。

【注釋】

❶西鄉曹　人名。西鄉為複姓。其人不詳。

【語譯】

隱居者名叫西鄉曹。

40. 非人君之用兵也，以為民傷；鬭則以親戚殉一言，而不改之也。

【語譯】

不是君主的用兵，就會成為對民眾的傷害；為了與別人一言之爭而使親戚去送死，卻又不加以改正。

41. 武王親射惡來❶之口，親斫殷紂之頸❷，手污於血，不溫❸而食。當此之時，猶猛獸者也。

【章旨】

指武王滅商時奮力誅惡而不顧其他。

【注釋】

❶惡來　商紂之佞臣。❷親斫殷紂之頸　言武王親手刀砍殷紂之頸。案：此為傳說異辭。一般以為紂自焚而死。❸不溫　《荀子・仲尼》王先謙注引盧文弨說：「案『溫』字有誤，或是『盥』字。」盥，洗。

【語譯】

周武王親自用箭射惡來之口，親手用刀砍殷紂之頸，手上沾了血，也不洗一下就進食。在這個時候，人就如同凶猛的野獸一樣。

42. 武王伐紂，魚辛❶諫曰：「歲在北方❷，不北征❸。」武王不從❹。

【注釋】

❶魚辛　人名。不詳。❷歲在北方　言歲星之方位在北方。歲，歲星，即木星。歲星約十二年運行一周天。❸不北征　汪繼培云：「任本下『北』字作『利』。」案：作「利」是。武王伐紂乃東征而非北征，蓋涉上「北」字而誤。❹不從　汪繼培云：「任本『從』作『聽』。」案：作「聽」是。

【語譯】

武王伐紂，魚辛勸諫說：「歲星之運行正位處北方，故不利於征伐。」武王不聽。

43.堯南撫❶交阯❷，北懷❸幽都❹，東西至日之所出入，有餘日而不足於治者，恕也。

【注釋】

❶撫　安撫。❷交阯　古地區名。泛指五嶺以南地區。亦作「交趾」。❸懷　關懷。❹幽都　即幽州，今河北、遼寧一帶。

【語譯】

堯到南方去安撫交阯之民，到北方去關懷幽州之民，東西二方則到日所出入之地，尚有餘暇之日而不全用於治理，這是由於能推己及人的緣故。

44. 務成昭❶之教舜曰：「避天下之逆，從天下之順，天下不足❷取也；避天下之順，從天下之逆，天下不足失也。」

【章旨】

務成昭教舜，順天下民心者得天下，逆天下民心者失天下。

【注釋】

❶務成昭　傳說為舜師。姓務成，名昭。❷不足　不難；容易。

【語譯】

務成昭教舜說：「逆天下民心的要迴避，順天下民心的要依從，這樣，天下不難取得；順天下民心的卻迴避，逆天下民心的卻依從，這樣，天下容易失去。」

45.子夏曰：「君子漸❶於饑寒而志不僻❷，錡於五兵❸而辭不懾❹，臨大事不忘昔席❺之言。」

【章旨】

記子夏之言，表示作為君子，處於逆境或面臨大事之時，當不變初志，堅強不屈。

【注釋】

❶漸　進；陷。❷不僻　不邪僻。❸錡於五兵　言兵器加於身。錡，帶具。此作帶上解。五兵，五種兵器。此泛指兵器。❹不懾　不屈。❺昔席　往日之講席。

【語譯】

子夏說：「君子陷於饑寒而心意卻不至於邪僻，五兵加身而辭氣卻不至於屈服，面臨大事卻不忘往日所講的話。」

46. 箕子胥餘❶漆體而為厲❷，被髮佯狂，以此免❸也。

【注釋】

❶箕子胥餘　箕子，名胥餘。箕子為商紂諸父，封國於箕，故稱箕子。商紂暴虐，箕子諫而不聽，乃披髮佯狂為奴，為商紂所囚。周武王滅商，釋箕子之囚，以箕子歸鎬京。❷厲　同「癩」。麻瘋病。❸免　言免於被商紂所害。

【語譯】

箕子胥餘把油漆塗在身上而裝成痲瘋病的模樣，披散頭髮裝瘋，以此免去了殺身之禍。

47. 蒲衣❶生八年，舜讓以天下；周王太子晉❷生八年而服師曠❸。

【注釋】

❶蒲衣　古傳說賢人名。《高士傳》云：「蒲衣子者，年八歲而舜師之。舜讓天下，蒲衣子不受而去。」❷周王太子晉　周靈王之太子名晉。❸師曠　春秋晉樂師。據《逸周書・太子晉》載：晉平公時，因周衰而取周之二邑，後見太子晉年少而才智卓傑，顧慮太子晉即位後將會行誅，

故欲歸還。師曠以為不可，請求往而與之言，若太子晉能壓倒自己，則再歸還二邑。於是師曠見太子晉，稱曰：「吾聞王子之語高于泰山，夜寢不寐，晝居不安，不遠長道而求一言。」王子應之曰：「吾聞大師將來，甚喜而又懼。吾年甚少，見子而懾，盡忘吾度。」師曠曰：「吾聞王子，古之君子，甚成不驕。自晉如周，行不知勞。」王子應之曰：「古之君子，其行至慎，委積施關，道路無限，百姓悅之，相將而遠，遠人來驩，視道如咫。」師曠告善。又稱曰：「古之君子，其行可則。由舜而下，其孰有廣德？」王子應之曰：「如舜者天。舜居其所，以利天下，奉翼遠人，皆得己仁，此之謂天。如禹者聖。勞而不居，以利天下。好取不好與，必度其正，是之謂聖。如文王者，其大道仁，其小道惠，三分天下而有其二，敬人無方，服事于商，既有其眾，而返失其身，此之謂仁。如武王者義。殺一人而以利天下，異姓同姓各得其所，是之謂義。」師曠告善。又稱曰：「宣辨名命，異姓惡方，王侯君公，何以為尊，何以為上？」王子應之曰：「人生而重丈夫，謂之冑子。冑子成人，能治上官，謂之士。士率眾時作，謂之伯。伯能移善於眾，與百姓同，謂之公。公能樹名生物，與天道俱，謂之侯。侯能成群，謂之君。君有廣德，分任諸侯而敦信，曰予一人善，至于四海曰天子。達于四荒曰天王。四荒至莫有怨訾，乃登為帝。」師曠罄然。又稱曰：「溫恭敦敏，方德不改，聞物□□，下學以起，尚登帝臣，乃參天子，自古誰？」王子應之曰：「穆穆虞舜，明明赫赫，立義治律，萬物皆作。

分均天財，萬物熙熙，非舜而誰？」師曠束躅其足，曰：「善哉！善哉！」案：據此篇，其時「太子晉行年十五」。

【語譯】

蒲衣出生八年，舜以君主之位相讓；周靈王之太子晉出生八年而使師曠佩服。

48. 膳，俞兒❶和之以薑桂❷，為人主上食。

【注釋】

❶俞兒　傳說古時善於辨味的人。❷薑桂　薑與玉桂，都為食物之調味品。

【語譯】

膳食，讓俞兒用薑和玉桂去調味，也可成為君主的上品食物。

49.程❶，中國❷謂之豹，越人謂之貘❸。

【注釋】

❶程　豹之別名。❷中國　中原地區。❸貘　獸名。《說文》云：「貘，似熊而黃黑色，出蜀中。」此借為豹之別名。

【語譯】

程，中原地區稱作豹，越人稱作貘。

50.鴻鵠在上，扜弓鞟弩❶以待之，若發若否，問二五❷，曰：「弗知。」非二五難計也，欲鴻之心亂❸也。

【注釋】

❶扜弓鞟弩　挽弓張弩。扜，挽；引。鞟弩，孫校云：「案《長短經》引作『彀弩』。」彀，張滿弓弩。❷二五　言二個五相加。❸亂　謂妨礙計算。

【語譯】

天鵝在天空飛，有人正挽弓張弩以等待著，好像要發射又好像不發射，問他二個五相加是多少？回答說：「不知道。」不是二個五相加難以計算，而是想射中天鵝之心妨礙了計算。

51. 上下四方曰宇，往古來今曰宙。

【語譯】

上下四方稱為宇，古往今來稱為宙。

52. 地中有犬，名曰地狼；有人，名曰無傷。

【語譯】

地下有狗，名叫地狼；地下有人，名叫無傷。

53.卑牆❶來盜。榮辱由中❷出，敬侮由外生。

【注釋】

❶卑牆　低牆。❷中　內；自身。

【語譯】

低矮之牆會招來盜賊。榮耀與恥辱由自身引出，尊敬與欺侮由外界產生。

54.樹葱韭者擇❶之則蕃。仁義亦不可不擇❷也。唯善無基❸，義乃繁滋。敬❹災與凶，禍乃不重。

【注釋】

❶擇 揀選。❷仁義亦不可不擇 言為仁義之事亦應有所揀選取捨。❸唯善無基 言行善無有起始之時。意為當隨時進行。基，始。❹敬 慎重。

【語譯】

種植葱與韭菜要有所揀選取捨才能繁盛，行仁義之事也當有所揀選取捨。只有隨時注意行善，仁義才會繁盛。慎重地對待災害與凶險，禍難才不至於再來。

55. 雞司夜❶，狸❷執鼠，日燭人：此皆不令自全❸。

【注釋】

❶司夜 猶「司晨」，指報曉。❷狸 動物名，貓屬。❸自全 使自身完好。全，完。

【語譯】

雞能報曉，狸能捕鼠，日能照人：這都不僅僅是使自身完好。

56. 堯瘦，舜黑，皆為民也。

【語譯】

堯身體消瘦，舜皮膚黝黑，都是為了百姓的緣故。

57.人知用賢之利也，不能得賢，其故何也？夫買馬不論足力，以白黑為儀❶，必無走馬❷矣；買玉不論美惡，以大小為儀，必無良寶❸矣；舉士不論才，而以貴勢為儀，則管仲、伊尹不為臣矣。

【章旨】

論述君主不能得賢，是由於選用人才以地位之高貴和有權勢為準而不論其才能的緣故。

【注釋】

❶儀　準則。❷走馬　善於奔馳之馬。❸良寶　珍寶。

【語譯】

人們知道任用賢人的利益，卻不能得到賢人，這是什麼緣故呢？買馬不講究牠的足力，卻以皮毛顏色之黑白為準則，那就必然不會得到善於奔馳之馬；買玉不講究它的好壞，卻以大小為準則，那就必然不會得到珍寶；選用士人不講究他的才能，卻以高貴有勢為準則，那麼管仲、伊尹這樣的賢人就不會做你的臣子了。

58. 孔子曰：「誦《詩》❶讀《書》❷，與古人居❸；讀《書》誦《詩》，與古人謀❹。」

【章旨】

孔子以為誦讀《詩》、《書》，對今日之謀事而言，可得到啟示與教益。

【注釋】

❶詩　今稱《詩經》。❷書　今稱《尚書》。是現存最早的上古時一些典章文獻的彙編。❸居　相處。❹謀　商議。

【語譯】

孔子說：「朗誦《詩經》，口唸《尚書》，這是在與古人相處啊；口唸《詩經》，朗誦《尚書》，這是在與古人商議啊。」

59. 玉者，色不如雪，澤❶不如雨，潤不如膏，光不如燭。取玉甚難：越三江五湖❷，至崑崙之山❸。千人往，百人反❹；百人往，十人反。至中國，覆十萬之師，解三千之圍❺。

【章　旨】

指玉本身並無可觀之性能，又極難採得，卻可作為珍貴的禮品而起到覆軍解圍的作用。

【注　釋】

❶澤　潤澤。古人認為玉有潤澤之作用。如《荀子・勸學》云：「玉在山而草木潤。」❷三江五湖　泛指許多江湖。❸崑崙之山　山名。在新疆西藏之間，西接帕米爾高原，東延入青海境內。傳說此地產美玉。❹反　通「返」。❺覆十萬之師二句　形容美玉作為外交禮品，會在軍事上起重大的作用。

【語譯】

玉，它的顏色不如白雪，潤澤之作用不如雨水，潤滑的效果不如膏脂，光亮也不如燭火。而採玉卻非常艱難：要越過三江五湖，去到崑崙山上。千人前往，只有百人能夠返回；百人前往，只有十人能夠返回。然而把它帶到中原地區，卻可覆滅十萬之軍，解除數千人之圍困。

60.見驥一毛，不知其狀；見畫一色，不知其美。

【語譯】

看見駿馬之一毛，不能知道牠的形狀；看見畫面之一色，不能知道它的完美。

61.屠者割肉，則知牛長少❶；弓人剺筋❷，則知牛長少；雕人裁骨，則知牛長少：各有辨焉。

【章旨】

以牛之例說明人各有專技，故能各有所見。

【注釋】

❶長少　年歲之大小。❷剺筋　割牛筋。

【語譯】

屠宰工斬割牛肉，就能知道牛年歲的大小；製弓者割牛筋，就能知道牛年歲的大小；雕刻工裁取牛骨，就能知道牛年歲的大小：各有其辨別的技術。

62. 草木無大小，必待春而後生；人待義而後成。

【語譯】

草木無論它們的大小，必定等到春天然後生長；人必須等到掌握道義然後才有所成就。

63. 虹霓❶，為析翳❷。

【注釋】

❶虹霓　指霓，即副虹。❷析翳　霓之別名。亦是「挈貳」之音變。

【語譯】

虹霓，稱為析翳。

64.先王豈無大鳥怪獸之物哉？然而不私也。

【語譯】

先王難道沒有大鳥怪獸這樣的動物嗎？然而他卻不據為私有。

65.欲觀黃帝之行於合宮，觀堯舜之行於總章。

【語譯】

想觀察黃帝之行事，可在合宮；想觀察堯舜之行事，可在總章。

66. 荊❶者，非無東西也，而謂之南，其南者多❷也。

【注釋】

❶荊　荊州，古九州之一。其地域包括今湖南、湖北，以及四川東南、貴州東北等地。由於它位處我國南方，故亦稱為荊南。❷多　猶「勝」。為主。

【語譯】

荊州之地，並非沒有東和西，而稱它為「南」，這是以它位處南方為主而言的。

67.寒凝冰裂地。

【語譯】

寒冷可使水凝成冰，使地面凍裂。

68.卵生曰琢❶，胎生曰乳。

【注釋】

❶琢　汪繼培云：「任本作『啄』。」《說文通訓定聲》云：「琢，叚借為『啄』。」

【語譯】

卵生稱為啄，胎生稱為乳。

69.我得❶而民治，則馬有紫燕蘭池❷。

【注釋】

❶得 謂得事之宜。❷紫燕蘭池 皆駿馬名。

【語譯】

我能得行事之宜而治好人民，就會獲得駿馬紫燕、蘭池。

70\. 馬有秀騏逢騩❶。

【注釋】

❶秀騏逢騩　皆駿馬名。

【語譯】

駿馬有秀騏、逢騩。

71\. 曾子每讀《喪禮》❶，泣下霑襟。

【注釋】

❶喪禮　記述舉辦喪事與居喪之儀節的書篇，不知其詳。今《儀禮》中有〈士喪禮〉一篇。

【語譯】

曾子每次讀《喪禮》，都哭泣而掉下眼淚，霑溼了衣襟。

72.守道固窮❶，則輕王公❷。

【注釋】

❶固窮　安於窮困。❷王公　王侯公卿。

【語譯】

守持道義而安於窮困，就會輕視王侯公卿。

73. 其生也存，其死也亡。

【語譯】

他活著就存在於世上，他死了就從世上消亡。

74. 老萊子❶曰：「人生天地之間，寄也。寄者，固歸也。」

【注釋】

❶老萊子　春秋時楚國隱士。為避世亂，耕於蒙山下。楚王聞其賢，欲任用，老萊子遂與其妻至江南，隱居不出。著書十五篇。

【語譯】

老萊子說：「人生活在天地之間，只是寄託而已。既是寄託，就本該歸去。」

75.人之生也亦少❶矣，而歲之往亦速矣。

【注釋】

❶少　短暫。

【語譯】

人活在世上的時間是短暫的，而歲時的流逝卻是飛速的。

76. 八極❶為局❷。

【注釋】

❶八極　八方極遠之地。❷局　局促。

【語譯】

雖包容八極之地而猶以為局促。

77. 晝動而夜息，天之道也。

【語譯】

白天活動而夜晚止息，這是自然的法則。

78. 使星司夜❶，使月司時❷，猶使雞司晨也。

【注釋】

❶司夜　指示夜晚時間。❷司時　指示日月。

【語譯】

使星星指示夜晚的時間，使月亮指示日月的推移，如同使公雞報曉一樣。

79\. 文軒六駃題❶，無四寸之鍵❷，則車不行。小亡❸則大者不成也。

【注釋】

❶駃題　同「駃騠」。駿馬名。❷鍵　車轄。即在車軸之端用以固定車輪與車軸位置的銷釘。❸小亡　小者有所失。

【語譯】

彩車駕以六匹駃騠，如沒有四寸的車轄，車就不能前行。也就是說小者有所失，則大者不能成。

80.繞梁之鳴❶，許史鼓之❷，非不樂也，墨子以為傷義❸，故不聽也。

【注釋】

❶繞梁之鳴　指名為繞梁之鳴琴。繞梁，琴名。彈奏此琴，其聲嫋嫋，繞於梁間，故名。鳴，鳴琴，即琴。❷許史鼓之　由許史彈奏。許史，人名。其人不詳。❸傷義　有害於道義。墨子主張愛人利人，強本節用。他認為音樂娛樂活動有害於此，故又主張「非樂」。

【語譯】

名為繞梁之鳴琴，由許史彈奏，聽起來不是不愉悅，然而墨子以為傷害道義，所以不聽。

81. 馬有騏驎徑駿❶。

【注釋】

❶徑駿　駿馬名。

【語譯】

駿馬有騏驎、徑駿。

82. 君子量才而受爵，量功而受祿。

【語譯】

君子估量自己的才能而接受爵位，估量自己的功績而接受俸祿。

83. 禹興利除害，為萬民種。

【語譯】

禹興利除害，為了萬民的種植。

84. 眾以虧形❶為辱，君子以虧義為辱。

【注釋】

❶虧形　肢體虧損殘缺。主要指遭受肉刑而言。

【語譯】

眾人把肢體虧損殘缺看作恥辱，君子則把道義受到損害看作恥辱。

85.昔者武王崩❶，成王少，周公旦踐東宮❷，履乘石❸，假❹為天子七年。

【注釋】

❶崩 天子死稱崩。❷踐東宮 前往東宮。踐，往。東宮，太子之宮。❸乘石 乘車時所踏之石。❹假 代。

【語譯】

從前武王去世，成王幼小，周公旦前往東宮，又踏著登車之乘石，前去代行天子之職七年。

86. 能官者必稱事❶。

【注釋】

❶稱事　勝任其職事。

【語譯】

能任官職者必須勝任他所掌管的事。

87.義必利❶，雖桀殺關龍逢、紂殺王子比干，猶謂義之必利也。

【注釋】

❶義必利　謂臣下以為按道義行事必對君主有利。

【語譯】

臣下以為按道義行事必定有利於君主，雖然夏桀殺關龍逢、商紂殺王子比干，但他們還是認為按道義行事必定有利於君主的。

88. 聖人權❶福則取重❷，權禍則取輕。

【注釋】

❶權 權衡。❷重 猶「大」。

【語譯】

聖人權衡福祉則取大者，權衡災禍則取小者。

89. 鄭人謂玉未理❶者為璞。

【注釋】

❶未理　未加工。

【語譯】

鄭國人把未經加工的玉稱為璞。

90. 造車者奚仲❶也。

【注釋】

❶奚仲　相傳是最早製造車的人，曾為夏代之車正（掌管車服諸事之官）。是春秋薛國的始祖。

【語譯】

最先造車的是奚仲。

91.玉淵❶之中，驪龍❷蟠❸焉，頷❹下有珠。

【注釋】

❶玉淵　深淵。因深淵之中有美玉，故名。❷驪龍　黑龍。❸蟠　盤伏。❹頷　下巴。

【語譯】

在深淵之中，有黑龍盤伏著，在牠的下巴下面有寶珠。

92. 有虞氏身有南畝❶，妻有桑田；神農氏並耕而王❷；所以勸耕也。

【注釋】

❶南畝　向陽的田地，泛指田地。❷神農氏並耕而王　言神農氏與百姓一起耕作而成就王業。

【語譯】

舜自己有南畝，而妻有桑田；神農氏與百姓一起耕種而成就王業：這是他們勉勵農耕的作法。

93. 天子忘民則滅，諸侯忘民則亡。

【語譯】

天子忘記百姓就被消滅，諸侯忘記百姓就被滅亡。

94. 障賢者死。

【語譯】

阻礙賢者不使任用的人當處死。

95. 不知用賢。

【語譯】

不懂得任用賢人。

96. 好酒忘身。

【語譯】

嗜好飲酒而忘卻自身。

97. 晉國苦奢❶，文公❷以儉矯❸之：衣不重帛❹，食不兼肉❺。

【注釋】

❶苦奢　困於風俗奢侈。❷文公　名重耳，春秋晉國君主。獻公時，晉國內亂，重耳出奔。在外十九年，備嘗艱辛，後在秦穆公幫助下返國奪取政權。❸矯　矯正。❹重帛　兩件絲織衣服。❺兼肉　兩種肉類食品。

【語譯】

晉國困於風俗奢侈，晉文公用自身的節儉去矯正它：穿衣不穿兩件絲織衣服，飲食不吃兩種肉類食品。

98.娶同姓、以妾為妻、變太子❶，專罪大夫❷；擅立國❸、絕鄰好，則幽❹；改衣服❺、易禮刑，則放❻。

【章旨】

指大夫為諸侯做出種種違背禮義之事，當受到懲罰。

【注釋】

❶變太子　言廢黜原太子而另立。❷專罪大夫　言獨懲罰主事大夫。❸擅立國　擅自建立新國。❹幽　囚禁。❺改衣服　改變服制。❻放　放逐。

【語譯】

諸侯娶同姓之女為妻、將妾立為妻室、廢原太子而另立，要獨懲罰主事大夫；擅自建立新國、斷絕與鄰國的友好關係，要囚禁；改變服制、改易禮制與刑法，要放逐。

99.為刑者，刑以輔教，服不聽也。

【語譯】

實施刑罰，是以刑罰去輔助教化，使得不聽從者因而服從。

100.秦穆公明於聽獄，斷刑❶之日，朝不同言❷，乃揖❸士大夫曰：「寡人不敏❹，教不至，使民入於刑，寡人與有戾❺焉。二三子各據爾官❻，無使民困於刑。」穆公非樂刑也，民不得已，此其所以善刑也。

【章旨】

以秦穆公之例，說明對於百姓要以教導為主，處以刑罰乃出於不得已。

【注　釋】

❶斷刑　刑事判決。❷朝不同言　言朝廷之上臣下議論不一，有人主張處死，有人主張寬宥。❸揖　拱手為禮。❹不敏　魯鈍不才。❺寡人與有戾　是說我同樣有罪。與，共。戾，罪。❻各據爾官　各自執守你們的官職。

【語　譯】

秦穆公賢明地處理刑事，在刑事判決之日，朝廷上議論不一，於是穆公向士大夫拱手行禮，說：「我魯鈍不才，沒有進行教導，使得人民陷於刑罰，我同樣有罪。諸位要各自執守你們的官職，不使民眾困於刑罰。」穆公不是樂於用刑，而是對於犯罪之人不得不如此，這是他善於用刑的地方。

101.未有不因學而鑑道，不假學❶而光身❷者也。

【注釋】

❶假學　憑藉學習。假，通「借」。❷光身　使自己獲得光彩。

【語譯】

未有不依靠學習而能明道，不憑藉學習而能使自己獲得光彩的情形。

102.仲尼曰：「面貌不足觀也，先祖天下不見❶稱也，然而名顯天下，聞於四方，其惟學者乎！」

【注釋】

❶不見 不被。

【語譯】

仲尼說：「他的面貌看不上眼，祖宗也不被天下所稱道，然而卻揚名天下，傳聞四方，他靠的是學習吧！」

103. 先王之祠禮❶也，天子祭四極❷，諸侯祭山川❸，大夫祭五祀❹，士祭其廟❺也。

【注釋】

❶先王之祠禮　指先王所制定的祭祀之禮。祠，通「祀」。❷四極　本指四方極遠之地，此指四方之神。❸山川　指本國境內之山川。❹五祀　對五種事物進行祭祀。即戶、竈、中霤、門、行。❺士祭其廟　謂士在其廟祭祀其先祖。廟，字當作「先」或「祖」。《禮記・曲禮下》作「士祭其先」。《白虎通・五祀》引作「士祭其祖」。

【語譯】

先王所制定的祭祀之禮，天子祭祀四方，諸侯祭祀境內之山川，大夫祭祀五種事物，士祭祀其先祖。

104. 夫瑟❶，二十五絃。其僕人鼓之，則為笑❷。賢者以其義鼓之❸，欲樂則樂，欲悲則悲，雖有暴君，為之立變❹。

【章　旨】

以奏瑟為例，說明音樂有激發人感情的藝術效果。

【注　釋】

❶瑟　絃樂器名。❷為笑　被人所取笑。❸以其義鼓之　言以其演奏表達其思想感情。❹立變　感情立即變化。

【語　譯】

瑟，有二十五根絃。讓僕人去演奏，則被人所取笑。賢者演奏它來表達自己的思想感情，想表達歡樂的感情曲調就歡樂，想表達悲哀的感情曲調就悲哀，即使是暴君，聽了也會立刻使感情相隨而變化。

105. 商容❶觀舞，墨子吹笙❷。墨子非樂❸，而於樂有是❹也。

【注釋】

❶商容　殷人，紂王時為大夫，以直諫被貶。周武王克殷而表其閭。❷笙　管樂器名。❸非樂　反對進行音樂娛樂活動。❹於樂有是　言對於音樂又有如此例外之事。是，指吹笙之事。《呂氏春秋・貴因》云：「墨子見荊王，錦衣吹笙，因也。」高誘注云：「墨子好儉非樂，錦與笙非其所服也，而為之，因荊王之所欲也。」

【語譯】

商容觀看舞蹈，墨子吹笙。墨子反對進行音樂娛樂活動，卻對於音樂又有如此例外之事。

106. 水試斷鴻雁，陸試斷牛馬，所以觀良劍也。

【語譯】

在水邊試驗可以斬斷天鵝與大雁，在陸地試驗可以斬斷牛和馬，這是觀察好劍的方法。

107. 孝子事親❶，一夕五起，視衣之厚薄，枕之高卑，其愛親也。

【注釋】

❶事親　侍奉父母親。

【語譯】

孝子侍奉父母親，一個晚上起來五次，看他們衣服的厚薄、枕頭的高低，他愛父母親是愛到這個樣子。

108. 皋陶擇羝❶之裘以御之。

【注釋】

❶羝　公羊。

【語譯】

皋陶擇取公羊之皮衣以禦寒。

109. 伏羲始畫八卦❶，別八節❷而化天下。

【注釋】

❶八卦 為八種線形符號，即☰（乾）、☳（震）、☱（兌）、☲（離）、☴（巽）、☵（坎）、☶（艮）、☷（坤），各象徵天、雷、澤、火、風、水、山、地。它們最初為人們記事的符號，後被用為占卜的符號。❷八節 八個節氣。即立春、春分、立夏、夏至、立秋、秋分、立冬、冬至。

【語譯】

伏羲氏開始畫八卦符號，劃分八個節氣，從而教化天下。

110. 夫知眾類，知我，則知人矣。天雨雪❶，楚莊王❷被裘當戶❸，曰：「我猶寒，彼百姓賓客甚矣。」乃遣使巡國中，求百姓賓客之無居宿絕糇糧❹者賑❺之。國人大悅。

【章旨】

由楚莊王寒天賑濟貧困者之事，說明人當知己而及人。

【注釋】

❶雨雪　下雪。❷楚莊王　春秋楚國國君，芈姓名旅，為春秋五霸之一。❸當戶　對著窗戶。❹糇糧　乾糧。亦泛指糧食。❺賑　救濟。

【語譯】

知道眾人的情況，知道自己的情況，然後才能說知道別人。天下著雪，楚莊王披著皮衣，對著窗戶，說：「我尚且覺得冷，那些百姓和賓客會冷得更厲害。」於是派遣使者讓他們在國中巡視，尋找無處居住、沒有糧食的百姓與賓客加以救濟。國人非常高興。

111. 朔方❶之寒，冰厚六尺，木皮三寸，北極左右有不釋❷之冰。

【注釋】

❶朔方　北方。❷不釋　不融化。

【語譯】

北方之寒冷，冰厚六尺，樹皮三寸，北極一帶有不融化之冰。

112. 春華秋英❶，其名曰桂。

【注釋】

❶春華秋英 言春秋皆開花。案：桂花大多開於秋季，而據《三才圖會・草木・桂花》云：「亦有春而著花者，香皆不減於秋。」孫星衍《尸子集本・敘》則云：「此『華』為葉之榮華。」

【語譯】

春、秋都開花的樹木，它的名字叫做桂。

113. 泰山之中有神房❶阿閣❷帝王錄❸。

【注釋】

❶神房　房名。謂神之居所。❷阿閣　四邊有簷之閣樓。❸帝王錄　不詳。似謂帝王之名號錄。

【語譯】

在泰山裡有神房，其閣樓上有帝王錄。

114. 堯有進善之旌❶。

【注釋】

❶進善之旌　為使人進諫善言所立之旗。相傳堯時設旌於五達之道，令民欲進諫善言者立於旌下，謂之進善旌。旌，古時用羽毛裝飾的旗子，也泛指旗子。

【語譯】

堯設有使民進諫善言的旌旗。

115. 造歷數❶者，羲和❷子也。

【注釋】

❶歷數　曆法。❷羲和　羲氏、和氏。傳說是堯舜時掌管天地四時之官。

【語譯】

制訂曆法的人，是羲和之子。

116. 龍門，魚之難①也；太行，牛之難也；以德報怨，人之難也。

【注釋】

①龍門魚之難　言上龍門山是魚之難事。《藝文類聚．九六》引辛氏《三秦記》云：「大魚積龍門數千不得上，上者為龍，不上者，故云曝鰓龍門。」

【語譯】

上龍門，是魚之難事；上太行山，是牛之難事；以德報怨，是人之難事。

117. 舜，一徙成邑❶，再徙成都，三徙成國。堯聞其賢，徵❷之草茅❸之中。與之語禮樂而不逆；與之語政，至簡而易行；與之語道，廣大而不窮。於是妻之以媓❹，媵之以娥❺，九子事之而託天下焉。

【章旨】

指舜之德行為民所仰，從其言談中可看出他有治政之卓越才識，故堯使他即位，以治天下。

【注釋】

❶一徙成邑　第一次移居之後，相隨而移居的人很多，使當地有城邑的規模。❷徵　召。❸草茅　草野，比喻民間。❹妻之以媓　將媓嫁給舜作妻子。媓，或作「皇」。堯之長女。或以為堯

之長女為娥皇。❺媵之以娥　以娥作陪嫁之女。媵，陪嫁之女。娥，堯之次女。或以為堯之次女為女英。

【語譯】

舜，第一次移居後，使當地變成城邑的規模；再次移居後，使當地變成都市的規模；第三次移居後，使當地變成一個國家的規模。堯聽說他賢良，把他從民間召來。與他談論禮樂而不背常理；與他談論政治，非常簡要並且容易實行；與他談論道，廣大而無窮。於是將媓嫁給他作妻子，將娥作為陪嫁之女，還使自己的九子侍奉他而將天下交託給他。

118. 言美則響美❶，言惡則響惡；身長則影長，身短則影短。名者響也❷，行者影也❸。是故慎而言將有和之❹，慎而行將有隨之。

【章旨】

指人當謹慎自己的言行而使之完美，因為言行的完美與否，必然會引起他人相應的反應。

【注釋】

❶言美則響美　言己之言美則人之回言亦美。❷名者響也　言名聲乃是自己言行的反響。❸行者影也　言行為的美惡必然有相應的投影。❹慎而言將有和之　言當謹慎自己之言，因為它將引起相應之言。而，通「爾」。你。和，聲相應。

【語譯】

自己的言談完美，則人之回言也完美；自己的言談惡劣，則人之回言也惡劣。身子長，則影子也長；身子短，則影子也短。名聲乃是自己言行的反響，行為的美惡必然有相應的投影。因此，要謹慎自己的言談，因為它將引起相應之言；要謹慎自己的行為，因為相應之行為將會隨著發生。

119.湯問伊尹曰：「壽，可為❶邪？」伊尹曰：「王欲之，則可為；弗欲，則不可為也。」

【注釋】

❶可為　可以延長。

【語譯】

湯問伊尹說：「壽命，可以延長嗎？」伊尹說：「君王想要延長，即可以延長；

不想要延長，即不可以延長。」

120. 費子陽❶謂子思❷曰：「吾念周室❸將滅，涕泣不可禁也。」子思曰：「然。今以一人之身憂世之不治而涕泣不禁，是憂河水濁而以泣清之也。」

【章旨】

記費子陽痛心周王朝將亡，子思以為此乃大勢所趨，痛心不足以改變。

【注釋】

❶費子陽　人名。不詳。❷子思　即孔伋，字子思，孔子之孫。曾為魯繆公師。❸周室　周王朝。

【語譯】

費子陽對子思說：「我想到周王朝將要滅亡，情不自禁地要哭泣落淚。」子思說：「是的。現在以一人之身而憂慮社會不能安治，以至於情不自禁地哭泣落淚，這如同憂慮黃河之水混濁而用哭泣想使它變清一樣。」

121. 齊有田果❶者，命❷其狗為富，命其子為樂。將欲祭也，狗入於室。果呼之曰：「富出！」巫❸曰：「不祥❹也。」果大禍，長子死。哭之曰：「樂乎！」而不似悲也。

【章旨】

指取名不當容易引起誤解。

【注釋】

❶田果　齊人，餘不詳。❷命　命名；取名。❸巫　古時稱能代表鬼神意志之角色。❹不祥　因說「富出」，故言不吉祥。

【語譯】

齊國有個田果，給他的狗取名為「富」，給他的長子取名為「樂」。剛想祭祀的時候，狗走進了室內。田果喊道：「富出來！」巫說：「不吉利。」事後果真遭到大禍，長子也死了。田果哭道：「樂呀！」不像悲哀的樣子。

122. 荊莊王❶命養由基❷射蜻蛉❸。王曰：「吾欲生得之。」養由基援弓射之，拂❹左翼。王大喜。

【注釋】

❶荊莊王　即楚莊王。❷養由基　春秋楚大夫。善射。離柳葉百步射箭，百發百中。❸蜻蛉　蜻蜓之別名。❹拂　擊中。

【語譯】

楚莊王使養由基射蜻蜓。王說：「我想得到活的。」養由基拉開弓射蜻蜓，射中左翼。王非常高興。

123. 木之精氣❶為畢方❷。

【注釋】

❶精氣　指神。❷畢方　木神名。《廣雅・釋天》云：「木神謂之畢方。」

【語譯】

木之神稱為畢方。

124. 深根固蒂❶。

【注釋】

❶蒂　同「蔕」。指花、果與枝相連的部分。

【語譯】

根長得深，蒂就長得牢固。

125.赤縣神州❶者，實為崑崙之墟❷。玉紅❸之草生焉。食其一實而醉臥三百歲而後寤❹。

【注釋】

❶赤縣神州　中國的別稱。語見《史記・孟子荀卿列傳》附騶衍所云：「中國名曰赤縣神州。赤縣神州內自有九州，禹之序九州是也。」❷墟　山之基地。孫校云：「案《太平御覽・人事部》引，下有『其東則瀛水島，山左右蓬萊』十一字。」汪氏已據補，當從之。❸玉紅　傳說之神草名。❹寤　醒。

【語譯】

赤縣神州，實為崑崙山之基地。它的東面有滷水島，山島的左右有蓬萊島。這裡生長有玉紅之草。食此草之果實一顆，會醉臥三百年而後醒。

126. 人之欲見毛廧❶、西施❷，美其面也。夫黃帝堯舜湯武美者，非其面也，人之所欲觀焉，其行也。所欲聞焉，其言也。而言之與行，皆在《詩》、《書》之間❸矣。

【章旨】

指《詩經》、《尚書》中反映了黃帝堯舜湯武等先王的言行規範。

【注釋】

❶毛嗇　古美女名。嗇，或作「嬙」。❷西施　春秋越國美人。傳說越為吳王夫差戰敗，句踐求和，求得美女西施進獻於夫差，夫差許和。❸言之與行二句　指黃帝諸人的言行，見於《詩經》、《尚書》中間。

【語譯】

人們想見到毛嗇、西施，是由於認為她們顏面美麗。黃帝、堯、舜、湯、武之美，不在他們的顏面，人們想觀看的，是他們的行為；所想聽到的，是他們的言論。而他們的言論與行為，都反映在《詩經》、《尚書》中間。

127. 堯舜黑，禹脛不生毛，文王至日昃❶不暇飲食。故富有天下，貴為天子矣。

【注釋】

❶日昃　日偏西。

【語譯】

堯、舜黝黑，禹小腿不生毫毛，周文王至太陽偏西還無空暇飲食。因此他們能富有天下，貴為天子。

128. 神農氏夫負妻戴以治天下。堯曰：「朕之比神農，猶旦之與昏也。」

【語　譯】

神農氏夫妻倆，夫肩背物品，妻頭頂物品，這樣治理天下。堯說：「我與神農氏相比，好比清晨與黃昏。」

129.神農氏七十世有天下，豈每世賢哉？牧民❶易也。

【注　釋】

❶牧民　治民。

【語　譯】

神農氏七十代而擁有天下，難道每代都是賢者嗎？說明民眾是容易治理的。

130.子貢問孔子曰：「古者黃帝四面❶，信乎？」孔子曰：「黃帝取合己者四人。四方不計而耦❷，不約而成❸：此之謂四面也。」

【注釋】

❶四面　長有四張面孔。❷四方不計而耦　言當初並不考慮四人必來自四方，而事有偶合。耦，合。❸不約而成　言不約定而成四方四人之事。

【語譯】

子貢問孔子，說：「古時候的黃帝長有四張面孔，相信嗎？」孔子說：「這說的是黃帝選取符合自己心意的四個人這件事。事先並不考慮要四方各一，而事有偶合；

並不約定而卻成其事：這就是所謂『四面』。」

131. 舜受天下，顏色❶不變；堯以天下與❷舜，顏色不變。知天下無能損益於己也。

【注釋】

❶顏色　臉色。❷與　給予。

【語譯】

舜接受天下，臉色不變；堯將天下交給舜，臉色不變。這是因為他們知道天下對於自己不能有所損害和利益啊。

132. 人戴冠躡履❶，莫不❷譽堯非桀，敬士侮慢❸。故敬侮之❹，譽毀之，非其取也。

【注釋】

❶躡履　踏著鞋。❷莫不　「不」字孫校本脫，據《太平御覽》補。❸侮慢　輕視傲慢者。❹敬侮之　指對當敬者反輕視他。

【語譯】

凡戴帽穿鞋之人，無不稱譽堯而貶斥桀，尊敬賢士而輕視傲慢者。所以，對當敬重的反輕視他，當稱譽的反貶斥他，這不是人當取之作法。

133. 舜曰：「從道必吉，反道必凶，如影如響。」

【語譯】

舜說：「順從道義必定吉利，違反道義必定凶險，它們如同影之隨形、響之隨聲一樣。」

134. 舜舉三后❶而四死除。何謂四死？饑渴、寒暍❷、勤勞❸、鬭爭。

【注釋】

❶三后　三位官長。所指不詳。汪繼培云：「《尚書・呂刑》云：『乃命三后，恤功於民。伯夷降典，折民惟刑；禹平水土，主名山川；稷降播種，農殖嘉穀。三后成功，惟殷於民。』《淮南子・人間》云：『古者溝防不修，水為民害。禹鑿龍門，辟伊闕，平治水土，使民得陸處；百

姓不親，五品不慎，契教以君臣之義，父子之親，夫婦之辨，長幼之序；田野不修，民食不足，后稷乃教之辟地墾草，糞土種穀，令百姓家給人足。』案《淮南》以禹、稷、契為三后，與〈呂刑〉異。此三后未知何指？」案：汪說是。❷暍　熱。❸勤勞　猶勞苦。

【語譯】

舜舉用三位官長因而消除了四種死因。什麼叫做四種死因？那就是饑渴、寒熱、勞苦、爭鬥。

135. 伯夷、叔齊❶餓死首陽❷，無地故也。桀放於歷山❸，紂殺於鄗宮❹，無道故也。故曰：有道無地則餓，有地無道則亡。

【注釋】

❶伯夷叔齊　是商末孤竹君之二子，因勸阻武王伐紂，不聽而誓不食周食，在首陽山採薇而食，終於餓死。❷首陽　山名。在今山西永濟南，即雷首山，又名首山。❸歷山　山名。別名石印山、亭山、歷陽山。在今安徽和縣西北。傳說夏桀死於此。❹鄗宮　任兆麟校本作「鄗京」。案：當依任本。鄗京，即鎬京，為武王所都。《說文通訓定聲》云：「鄗，叚借為鎬，武王所都邑名，今陝西長安。」紂被殺於鎬京，這是對於紂之死的又一說法。

【語譯】

伯夷、叔齊餓死在首陽山上，這是由於無立足之地的緣故。桀被放逐於歷山、紂被殺於鎬京，這是由於無道的緣故。所以說：有道而無立足之地就挨餓，有地而無道就滅亡。

136.昔者桀紂縱欲長樂以苦百姓。珍怪遠味：必南海之葷❶，北海之鹽，西海之菁❷，東海之鯨。此其禍天下亦厚矣。

【注釋】

❶葷 通「薰」。指葱、韭菜等有刺激性氣味之菜。❷菁 蕪菁，俗名大頭菜。

【語譯】

從前夏桀、商紂放縱自己的嗜欲，長年享樂而使百姓痛苦。來自遠方的珍貴怪異的美味：必須是南海的薰菜、北海的鹽、西海的蕪菁、東海的鯨魚。這樣，他們對天下人所造成的禍害也就深重了。

137.昔夏桀之時，至德❶滅而不揚，帝道掩而不興❷，容臺振而掩覆❸，犬群嘷而入泉❹，彘銜藪而席隩❺，美人婢首墨面而不容❻，曼聲吞炭內閉而不歌❼，飛鳥鎩翼❽，走獸決蹄❾，山無峻榦❿，澤無佳水⓫。

【章旨】

述夏桀之時至德不揚，大道沉淪，國內充滿衰敗與異常現象。

【注釋】

❶至德　高尚的道德。❷帝道掩而不興　言大道被掩蔽而不行。帝道，大道；正道。不興，不行。❸容臺振而掩覆　言行禮之臺因棄而不用而倒塌。容臺，行禮儀之臺。振，棄。❹犬群嘷而入泉　指犬成群吠叫著走入水泉。嘷，呼號。❺彘銜藪而席隩　言豬口銜所臥之草而將它鋪

於室之西南角。藪，當從《淮南子・覽冥》作「蓐」。蓐，臥止之草。席，鋪陳。隩，室之西南隅。❻美人婢首墨面而不容　指美女蓬頭垢面而不梳妝打扮。婢首，亦宜從《淮南子・覽冥》作「掔首」。掔首，亂首。墨面，垢面。不容，不加修飾。❼曼聲吞炭內閉而不歌　指善歌唱者吞下木炭使自身嗓子破壞而不再歌唱。曼聲，歌聲美者。內閉，自壞。❽鎩翼　傷殘其翼。❾決蹄　傷害其蹄。❿峻榦　高樹美材。⓫佳水　清水。

【語譯】

從前夏桀統治天下的時候，高尚的道德被拋棄而不發揚，大道被掩蔽而不實行，行禮儀之臺因廢棄不用而倒塌，成群之犬吠叫著走入水泉，豬口銜著所臥之草將它鋪設於室之西南角，美女蓬頭垢面而不梳妝打扮，善於唱歌者吞下木炭自壞嗓子而不再歌唱，飛鳥自傷其翼，走獸自壞其蹄，山無高大的樹木，湖澤無清淨之水。

138. 桀為璇室瑤臺❶，象廊❷玉牀。權天下❸，虐百姓。於是湯以革車❹三百乘伐於南巢❺，收之夏宮❻。天下寧定，百姓和輯❼。

【章旨】

指夏桀奢侈暴虐，商湯滅了他而使天下安寧。

【注釋】

❶璇室瑤臺　用美玉裝飾的宮室與臺。璇、瑤，皆美玉名。❷象廊　用象牙裝飾的走廊。❸權天下　以其威勢統治天下。❹革車　兵車。❺南巢　地名。在今安徽巢縣東北，即居巢故城。傳說桀曾奔於此。❻收之夏宮　言在夏朝之宮中將其擒獲。收，《說文》：「捕也。」❼和輯　和睦。

【語譯】

夏桀建造了用美玉裝飾的宮室和臺、用象牙裝飾的走廊和鑲玉之牀。用他的威勢統治天下，虐害百姓。於是成湯以三百輛兵車在南巢討伐他，並在夏朝宮中將他擒獲。從此天下安寧，百姓和睦。

139. 有醫竘❶者，秦之良醫也。為宣王❷割痤❸，為惠王❹療痔，皆愈。張子❺之背腫，命竘治之。謂竘曰：「背，非吾背也，任子制❻焉。」治之，遂愈。竘誠善治疾也，張子委制❼焉。夫身與國亦猶此也，必有所委制，然後治矣。

【章旨】

以身體之疾病當聽由良醫處治才能痊癒為例，說明國家亦須委託賢者處治，才能治好。

【注釋】

❶醫竘　醫生名竘。❷宣王　稱某君主，餘不詳。❸割痤　治癤。❹惠王　稱某君主，餘不詳。❺張子　姓張者，餘不詳。❻制　處治。❼委制　委託處治。

【語譯】

有醫生名竘，是秦國醫術高明的醫生。他為宣王治癤子，為惠王治痔瘡，都治好了。姓張的一個人背腫，讓竘醫治。他對竘說：「這個背，不是我的背，聽任您處治。」竘進行醫治，於是治好了它。竘確實善於治病，所以姓張的人委託他處治。人之自身和國家也和這種情況一樣，必須要有能委託處治之人，然後才能處理好。

140.厚積不登，高臺不處。高室多陽，大室多陰，故皆不居。

【語譯】

不登堆積深厚之處，不處高臺之上。高的居室陽氣過多，大的居室陰氣過多，所以都不居住。

141.閔子騫❶肥。子貢曰：「何肥也？」子騫曰：「吾出，見美車馬則欲之；聞先王之言則又欲之。兩心相與戰，今先王之言勝，故肥。」

【章旨】

指閔子騫因能以先王之道克制非分之欲望，故有益於身心。

【注釋】

❶閔子騫　名損，字子騫，春秋魯人。孔子弟子。

【語譯】

閔子騫身子肥胖。子貢問他：「為什麼會肥呢？」子騫說：「我出門，見到別人的車馬美，於是也想擁有；聽到先王之言論，又想能遵循。兩種心思相互鬥爭，現在由於先王之言論取勝，因此肥了。」

142. 飛廉❶惡來❷，力角❸犀兕，勇搏熊虎也。

【注釋】

❶飛廉 傳說為紂之諛臣。❷惡來 傳說是飛廉之子。❸力角 以力較量。

【語譯】

飛廉和惡來，他們的力氣可與犀牛較量，他們的勇力可與熊虎搏鬥。

143. 駙馬共❶為荊王使於巴❷，見擔酖❸者。問之：「是何以❹？」曰：「所以酖人❺也。」於是請買之。金不足，又益之車馬。已得之，盡注之於江。

【章旨】

記駙馬共盡其所有買下毒酒而棄去，使它不能害人。

【注釋】

❶駙馬共　汪氏云：「駙馬，疑『巫馬』之譌。」巫馬，複姓。共，其名。❷巴　國名。其地在今四川東部與湖北西部一帶。❸酖　毒酒名。用鴆鳥之羽浸酒，飲之即死。❹何以　何用。❺酖人　以酖毒殺人。

【語譯】

巫馬共為楚王出使巴國，路見有人挑著酖酒。巫馬共問他：「這有何用？」回答說：「用酖毒殺人。」於是巫馬共要求買下。金錢不夠，又加上了車馬。買到酖酒後，便將它全部倒入長江。

144.賢者之於義，曰：「貴乎？義乎❶？」曰：「義。」是故堯以天下與舜。曰：「富乎？義乎？」曰：「義。」是故子罕以不受玉為寶❷。曰：「生乎？義乎？」曰：「義。」是故務光❸投水而殪❹。三者❺人之所重，而不足以易義。

【章旨】

指賢者唯重義，常人所看重的貴、富、生三者，都不足以改變他唯義是重的做人原則。

【注　釋】

❶貴乎義乎　指是取貴，還是取義。❷子罕以不受玉為寶　《左傳・襄公十五年》：「宋人或得玉，獻諸子罕。子罕弗受。獻玉者曰：『以示玉人，玉人以為寶也，故敢獻之。』子罕曰：『我以不貪為寶，爾以玉為寶。若以與我，皆喪寶也，不若人有其寶。』」❸務光　人名。古代隱士。相傳湯滅夏桀後欲以天下讓給務光，務光不受，投身於淵而死。❹殪　死。❺三者　指貴、富、生。

【語　譯】

賢者對於義是很看重的，問他：「取貴？還是取義？」答：「取義。」因此堯將天下讓給舜。問：「取富？還是取義？」答：「取義。」因此子罕把不接受玉看作寶。問：「取生？還是取義？」答：「取義。」因此務光投水而死。三者都是人所看重之事，卻不足以改變賢者唯義是重的做人原則。

145. 兩智不能相救❶，兩貴不能相臨❷，兩辨❸不能相屈：力均勢敵❹故也。

【注 釋】

❶相救 使相對立之雙方得到救助。❷相臨 相制。❸兩辨 兩人都是明辨事理者。❹敵 匹敵。

【語 譯】

二人都是智者，就不能使相對立之雙方得到救助；二人都是貴者，就不能制服對方；二人都是明辨事理者，就不能使對方屈服：這是勢均力敵的緣故。

146. 田成子❶問勇，顏歜聚❷之答也不敬。田子之僕填劍❸曰：「更言則生，不更則死。」歜聚曰：「以死為有智，今吾生是也❹。是吾所以懼汝，而反以懼我❺。」

【章旨】

指顏歜聚之勇正表現在其不畏死上，而田子之僕卻想以死相威脅，故不能得逞。

【注釋】

❶田成子　春秋齊人。一名田桓，亦稱陳桓。他繼田乞而專齊政，以大斗出貸，以小斗收進來收買人心。齊簡公四年，他殺簡公而擁立平公，自任齊相，齊國之政盡歸田氏。❷顏歜聚　即

顏涿聚。見〈勸學〉第一章❿。❸填劍　按劍。填，按壓。《廣韻》：「填，壓也。」❹以死為有智二句　言以死相威脅是認為凡有智者皆貪生懼死，故以為現在我亦以生為是。❺是吾所以懼汝二句　指你們以生為是，故我可以以此使你們畏懼，而你們反以此來威脅我。意為自己本不懼死，奈何以死懼之。

【語　譯】

田成子向顏歜聚問勇，顏歜聚的回答表現出對田成子的不敬重。田成子的僕人按著劍把說：「改變說詞就讓你活，不改變說詞就讓你死。」歜聚說：「以死相威脅是認為凡有智者皆貪生懼死，故以為現在我也以生為是。這正是我使你們感到恐懼之處，而你們反而以此來威脅我。」

147. 家有千金之玉而不知，猶謂之貧也。良工治之，則富掩❶一國。身有至貴之爵❷而不知，猶謂之賤也。聖人告之，則貴最❸天下。

【章旨】

舉例說明天賦德性的價值必待聖賢指點，方能被人們認知。

【注釋】

❶掩 壓倒。❷至貴之爵 即天爵，指仁義忠信等天賦的德性。❸最 為首。

【語譯】

家中有價值千金之玉，卻不知道，仍然可以說是貧困。技術精良的玉工把它加工之後，那麼他的富裕就會壓倒一國。自己具有最尊貴的爵位，卻不知道，仍然可以說是卑賤。聖人告訴了他，那麼他就成為天下最尊貴的人了。

148. 湯復於湯邱❶，文王幽於羑里❷，武王羈於王門❸，越王棲於會稽，秦穆公敗於崤塞❹，齊桓公遇賊❺，晉文公出走❻。故三王❼資於辱，而五霸❽得於困也。

【章旨】

以三王五霸之例說明困辱會使人有所得益。

【注釋】

❶湯復於湯邱　不詳。疑此言湯聘伊尹事。《史記・殷本紀》云：「或曰：伊尹，處士，湯使人聘迎之，五反，然後肯往。」復，往來。湯邱，疑「商邱」之誤。湯始居亳，即商邱。❷文王幽於羑里　言文王被商紂囚禁於羑里。文王本為殷之諸侯，居於岐山之下，因受到諸侯的擁護，

故曾被商紂囚於羑里。幽，囚禁。羑里，地名。故址在今河南湯陰北。❸武王羈於王門　其事不詳。❹秦穆公敗於崤塞　言秦穆公之軍隊被晉軍在崤山的險要之地擊敗。西元前六二八年，秦穆公遣兵襲鄭。次年，秦師還，途經南北二崤山之間，被埋伏之晉軍擊敗，俘獲秦軍將領孟明、西乞、白乙。崤塞，崤山之險阻。崤山有南北二山，相距三十五里。山有峻坡，下臨絕澗，山路奇險，不容兩車並進，故為絕險之地。❺齊桓公遇賊　言齊桓公遭遇傷害。此即指桓公（小白）與公子糾在返齊途中相爭戰，管仲發箭射中桓公衣鉤事。見〈勸學〉第三章❶。賊，害。❻晉文公出走　言晉國內亂而重耳出奔。見〈佚文〉第九十七章「晉國苦奢」。❼三王　指湯、文王、武王。❽五霸　指春秋時期勢力強大稱霸一時的諸侯。各家所指不一，尸子列舉上述越王句踐、秦穆公、齊桓公、晉文公四人，尚缺其一。

【語譯】

湯往返於湯邱，文王被囚禁於羑里，武王被羈於王門，越王句踐困居於會稽山，秦穆公兵敗於崤山之險塞，齊桓公遭遇傷害，晉文公離國出奔。由此可見三王得益於受辱，而五霸得益於受困。

149.魯哀公❶問孔子，曰：「魯有大忘❷，徙❸而忘其妻，有諸❹？」孔子曰：「此忘之小者也。昔商紂有臣曰王子須❺，務為諂，使其君樂須臾❻之樂而忘終身之憂，棄黎老❼之言而用姑息❽之謀。」

【章旨】

記孔子告魯哀公之語，認為做君主的當不忘國家安危，不可樂而忘憂。

【注釋】

❶魯哀公　春秋末戰國初魯國君主。❷大忘　最善忘之人。❸徙　遷居。❹諸　之乎。❺王子

須　人名。不詳。❻須臾　片刻。❼黎老　老人。❽姑息　婦人與小兒。

【語譯】

魯哀公問孔子，說：「魯國有一個最善忘的人，移居時把妻子也忘了，有這事嗎？」孔子說：「這在善忘者中還是輕的。從前，商紂有個臣子名叫王子須，極力從事諂媚，使紂王享受片刻的快樂而忘終身之憂，拋棄老人之言而聽取婦人與小兒之謀。」

150.魯人有孝者，三為母北❶，魯人稱之。彼其鬭則害親，不鬭則辱羸❷矣，不若兩降❸之。

【注釋】

❶三為母北　指三次作戰都因為要侍養母親的緣故而敗逃。❷辱羸　因怯弱而受辱。羸，弱。❸

兩降　言初戰則降敵，再戰則降魯。

【語譯】

魯國有個孝子，三次作戰都因為要侍養母親的緣故而敗逃，而魯國人都稱讚他。他如果與敵方格鬥而或死或傷，就對侍養母親的事造成危害；他如果不格鬥，就將因怯弱而受辱。所以，不如先降敵然後歸降魯。

151. 鐘鼓之聲，怒而擊之則武❶，憂而擊之則悲，喜而擊之則樂。其意變其音亦變。意誠感之達於金石❷，而況於人乎！

【章旨】

指樂為心聲，故有感人之力。

【注釋】

❶武 猶「威」。❷金石 由金屬、玉石製造的樂器，如鐘磬等。

【語譯】

鐘鼓之聲，心怒而擊出，則聲音威武；心憂而擊出，則聲音悲哀；心喜而擊出，則聲音快樂。人的心意改變，則發出的聲音也改變。心意確實能因感應而到達金石所製的樂器，何況對於人呢！

152. 鮑叔❶為桓公祝曰：「使臣無忘在莒時❷，管子無忘在魯時❸，甯戚無忘車下時❹。」

【章旨】

記鮑叔祝酒之辭，希望齊桓公、管仲、甯戚不要以今日之安樂而忘記昔日之困厄。

【注釋】

❶鮑叔　齊桓公之臣。詳見〈勸學〉第三章❶。❷使臣無忘在莒時　此句任本作「願君無忘在莒時」，當從。鮑叔既為桓公祝酒，而不為自祝，故「臣」顯為「君」之誤。又，對桓公言，宜用「願」，而不當用「使」。句謂願君不忘出奔在莒之時。其事亦見〈勸學〉第三章❶。下句同。❸管子無忘在魯時　言管子不忘在魯被因而見桓公之時。❹甯戚無忘車下時　言甯戚不忘在車下餵牛之時。甯戚，春秋衛人。以家貧為人挽車。至齊，餵牛於車下，扣牛角而歌。桓公以為非常人，召見，拜為上卿。案：此章文有缺漏，《管子・小稱》云：「桓公、管仲、鮑叔牙、甯戚

四人飲，飲酣，桓公謂鮑叔牙曰：『闔不起為寡人壽乎？』鮑叔牙奉杯而起，曰：『使公毋忘出如莒時也，使管子毋忘束縛在魯也，使甯戚毋忘飯牛車下也。』桓公避席再拜，曰：『寡人與二大夫能無忘夫子之言，則國之社稷必不危矣！』」

【語譯】

鮑叔為桓公祝酒說：「願君不忘出奔在莒之時，管子不忘在魯被囚之時，甯戚不忘在車下餵牛之時。」

153. 夫馬者，王良❶御之，則和馴端正❷，致遠道矣；僕人御之，則逸奔❸毀車矣。民者，譬之馬也。堯舜御之，則天下端正；桀紂御之，則天下奔放。

【章旨】

以駕車之善與不善喻治天下之得與失。

【注釋】

❶王良 春秋時晉之善御馬者。❷和馴端正 和順正直。❸逸奔 狂奔。

【語譯】

馬，由王良駕御，行進時和順正直，可以到達遠方；由奴僕駕御，則狂奔而使車毀損。民眾，就像馬一樣。由堯舜「駕御」，則天下人「和順正直」；由桀紂「駕御」，則天下人「放縱奔馳」。

154. 古者倕為規矩準繩❶，使天下倣❷焉。

【注釋】

❶倕為規矩準繩　言倕始造規矩準繩。倕，傳說為黃帝時巧工。規，圓規。矩，畫直角或方形用的曲尺。準，測定平面的水準器。繩，用墨線畫直線的工具。❷倣　倣效。

【語譯】

古時由倕開始製造規矩準繩，使天下人倣效。

155. 水非石之鑽❶，繩非木之鋸❷。

【注釋】

❶水非石之鑽　言鑽石需水，然水並非鑽石之鑽。❷繩非木之鋸　言鋸木需畫墨線之器，然它並非鋸木之鋸。

【語譯】

水不是鑽石之鑽，墨繩不是鋸木之鋸。

156. 利錐不知方鑿❶。

【注釋】

❶利錐不知方鑿　喻但知己之所長。方鑿，方頭之鑿。

【語譯】

銳利之錐不知方頭之鑿。

157. 六馬登糟丘❶，方舟泛酒池❷。

【注釋】

❶六馬登糟丘　指馬可盡其所欲。六馬，古代帝王之車駕以六馬。糟丘，酒糟堆積之山。酒糟乃馬之飼料。❷方舟泛酒池　指奢靡之君可極盡其享樂。方舟，兩船相併。泛酒池，言泛游於酒池。

【語譯】

為帝王駕車之六馬登上酒糟之山，帝王之併船泛游於酒池。

158.宋人有公斂皮❶者，適市反❷。呼曰：「公斂皮！」屠者遽收其皮❸。

【章旨】

以公斂皮例，說明取名不當，則易致誤會而受害。

【注釋】

❶公歛皮　寓言假設之人名。❷適市反　言前往集市而返回。適，往。反，通「返」。❸屠者遽收其皮　言屠宰者立即剝取其皮。遽，急速。收，取。因為「歛皮」，即「收皮」之意。

【語譯】

宋國有人名叫公歛皮，他前往集市而返回。有人喊他：「公歛皮！」屠宰者立即上前剝取他的皮。

159. 孔子曰：「詘寸而信尺❶，小枉而大直❷，吾弗為也。」

【章　旨】

引孔子語，指以失小而得大亦在所不為。

【注　釋】

❶詘寸而信尺　言屈者寸而伸者尺。詘，通「屈」。信，通「伸」。❷小枉而大直　言曲者小而直者大。枉，曲。

【語　譯】

孔子說：「屈者寸而伸者尺，曲者小而直者大，我也不去做。」

160. 昆吾❶作陶。

【注釋】

❶昆吾　傳說人名，始初製作陶器者。或謂是黃帝之陶正，或謂夏臣。

【語譯】

由昆吾開始製作陶器。

161. 造冶者蚩尤❶也。

【注釋】

❶造冶者蚩尤　言以冶金之法製造器物者是蚩尤。蚩尤，古傳說中之人物。《山海經・大荒北經》云：「蚩尤作兵，伐黃帝。」被黃帝所殺。造冶可能即指製造兵器而言。

【語　譯】

用冶金法來製造器物的是蚩尤。

162. 殷紂為肉圃❶。

【注　釋】

❶肉圃　肉堆集之園地。

【語譯】

商紂用肉堆積成園圃。

163. 羊不任駕鹽車❶，椽不可為楣棟❷。

【章旨】

比喻才有大小，宜各當其用。

【注釋】

❶羊不任駕鹽車　言羊之體力小，不能勝任駕御鹽車。鹽車沉重。案：古時有羊車。❷椽不可

為楣棟　言椽木不可做梁。椽，屋上用以承瓦的木條。楣，屋上的橫梁。棟，屋上正梁。

【語譯】

羊不能勝任駕御鹽車之事，椽木不能做橫梁與正梁。

164. 戰如鬭雞，勝者先鳴。

【語譯】

作戰如同雞相鬥，得勝者先鳴叫。

165. 揚州❶之雞裸無毛。

【注釋】

❶揚州　古九州之一，今江蘇、安徽、江西、浙江、福建諸省皆其地。

【語譯】

揚州一帶的雞，全身裸露不長毛。

166. 海水三歲一周流，波相薄❶，故地動。

【注釋】

❶相薄　相迫。

【語譯】

海水經三年而環流一周，由於波濤相迫逐，所以地面就浮動。

167. 疓，病也。

【語譯】

疓，即是病。

168. 黃帝斬蚩尤於中冀[1]。

【注釋】

❶中冀　中州，即中原地區。《逸周書·嘗麥解》云：「黃帝執蚩尤，殺之於中冀，名之曰絕轡之野。」

【語譯】

黃帝在中原地區斬殺了蚩尤。

169. 禹理❶洪水，觀於河❷，見白面長人魚身，出曰：「吾河精❸也。」授禹河圖❹而還於淵中。

【章旨】

述黃河之神授禹河圖之傳說。

【注釋】

❶理 治。❷河 黃河之古稱。❸河精 黃河之神。❹河圖 相傳出於黃河的一種圖文。或說黃河中有龍馬負圖而出，以授伏羲，伏羲據以畫八卦，謂之河圖。或以為河圖有九篇。尸子則又一說。河圖之文如左：

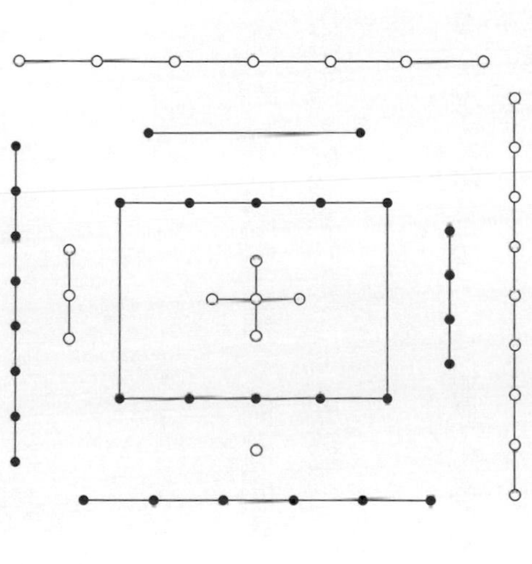

【語譯】

禹治洪水，在黃河邊觀察，看見河水中出現一個白面魚身的長人。他對禹說：「我是黃河之神。」便把河圖授予禹，然後回到黃河的深淵之中。

170. 仲尼志意不立❶，子路侍❷；儀服不修❸，公西華❹侍；禮不習❺，子游❻侍；辭不辨❼，宰我❽侍；亡忽古今❾，顏回❿侍；節小物⓫，冉伯牛⓬侍。曰：「吾以夫六子自厲也。」

【章旨】

記述孔子之六弟子，其秉性與修養各有所長，使孔子自勵而有所得益。

【注釋】

❶志意不立　主意不定。❷子路侍　由子路奉陪。《史記．仲尼弟子列傳》云：其人「好勇力，志伉直。」❸儀服不修　言行禮儀之服飾不整。❹公西華　名赤，字子華，魯人。孔子弟子。孔子以為他有出任高級司儀官的才能。見《論語．先進》「子路曾皙冉有公西華侍坐」章。❺禮不習　不熟習禮儀。❻子游　姓言名偃，字子游，吳人。孔子弟子。長於文學。仕於魯，曾為武城宰。能以禮樂治政。《論語．陽貨》云：「子之武城，聞絃歌之聲。」為孔子所稱道。❼辭不辨　言辭不能盡意。❽宰我　宰予，字子我，魯人。孔子弟子。長於辭令。《史記．仲尼弟子列傳》言其「利口辯辭」。❾亡忽古今　言遺忘古今之事。亡，通「忘」。忽，《說文》：「忘也。」❿顏回　字子淵，魯人。孔子弟子。孔子歎弟子中唯其「好學」。⓫節小物　言於小事能節制而不違於正。小物，小事。⓬冉伯牛　冉耕，字伯牛，魯人。孔子弟子。孔子以為他有德行。

【語　譯】

孔子在主意不定之時，由子路奉陪；在行禮儀服飾不整之時，由公西華奉陪；在儀禮不熟習之時，由子游奉陪；在言辭不能盡意之時，由宰我奉陪；在遺忘古今之事之時，由顏回奉陪；在節制小事之時，由冉伯牛奉陪。孔子說：「我以六位弟子的長處自勵。」

171. 夷逸❶者，夷詭諸❷之裔❸。或勸其仕。曰：「吾譬則❹牛，寧服軛以耕於野❺，不忍被繡❻入廟而為犧。」

【章　旨】

記夷逸願做自由之隱士，不做受羈之官吏。

【注釋】

❶夷逸　人名。周之逸民，隱居不仕。《論語‧微子》云：「逸民：伯夷、叔齊、虞仲、夷逸、朱張、柳下惠、少連。」❷夷詭諸　春秋周大夫。夷為其采地而以為姓氏。初為晉武公所執，因蔿國之請而免，然不報答蔿國。於是蔿國以晉師伐夷，殺夷詭諸。❸裔　後代。❹譬則　譬如。❺寧服軛以耕於野　言寧可屈服於車軛之下而在田野耕作。服，屈服。軛，車上部件，繫於衡木兩端而加於馬頸。❻被繡　披上錦繡。

【語譯】

夷逸，是夷詭諸的後裔。有人規勸他出仕。他說：「我好比是一頭牛，寧可屈服於車軛之下在田野耕作，不想披上錦繡牽入宗廟而作為犧牲。」

172. 雁銜蘆而捍網❶，牛結陣以卻虎。

【注釋】

❶捍網　抵禦網之捕己。

【語譯】

飛雁口銜蘆稈以防禦被網捕獲，牛結成戰陣以使老虎退卻。

173. 野鴨為鳧。家鴨為鶩，不能飛翔，如庶人守耕稼而已。

【語譯】

野鴨稱為鳧。家鴨稱為鶩，牠不能飛翔，如同平民居守其地從事耕稼一樣。

174. 彗星為欃槍❶。

【注釋】

❶欃槍 彗星之別名。

【語譯】

彗星的別名叫欃槍。

175. 古有五王之相❶。

【注釋】

❶五王之相　指可尊為王的五人之相術。說見陶淵明《集聖賢群輔錄・上》。此文先列「秦公牙、吳班、孫尤、大夫冉贊、公子麋」五人之名，再云：「右五王，並能相焉。《尸子》曰：『古有五王之相。』迺謂之『王』，其貴之也。」案：五人皆不詳。

【語譯】

古時候有五王的相術。

176. 為令尹❶而不喜，退耕而不憂，此孫叔敖❷之德也。

【注釋】

❶令尹　春秋時楚國官名，為群臣中最高的行政官職。❷孫叔敖　春秋楚人。楚莊王時為令尹。曾開鑿芍陂，灌田萬頃。相傳他三任令尹而不喜，三去職而不悔。

【語譯】

出任令尹而不喜悅，退職耕種而不憂愁，這是孫叔敖的品德。

177. 北門子❶。

【注釋】

❶北門子　人名。北門為複姓。

178. 申徒狄❶，夏賢也。湯以天下讓，狄以不義。聞已，自投於河。

【注釋】

❶申徒狄　傳說為夏末商初時人，潔身自好。亦作司徒狄。申徒為複姓。

【語譯】

申徒狄，是夏時賢人。湯以天下君主之位相讓，申徒狄以為這是不義之事。所以聽了之後，自投於河而死。

179. 㥯土❶。

【注釋】

❶㥯土　東北地名。㥯，通「隱」。《淮南子．墬形》云：「東北薄州曰隱土。」高誘注云：「氣所隱藏，故曰隱土也。」

180.法螺蚌而閉戶。

【語譯】

效法螺螄河蚌而關閉門戶。

181.楚人有鬻矛與盾者❶，譽之❷曰：「吾盾之堅，莫能陷❸也。」又譽其矛曰：「吾矛之利，於物無不陷也。」或曰：「以子之矛陷子之盾何如？」其人弗能應也。

【章旨】

以楚人譽其矛與盾而見窘之寓言，說明人所言之事不能互相抵觸。汪氏云：「按此見《韓非子・難一》及〈難勢〉。」案：尸子在韓非子之前，故有可能是韓非取自《尸子》。

【注釋】

❶楚人有鬻矛與盾者　言楚有一出賣矛盾之人。鬻，賣。矛，兵器名。有鋒刃，長柄，用以刺擊。盾，兵器名。亦稱盾牌，為防禦武器。❷譽之　文有脫誤，當云「譽其盾」。❸陷　刺入。

【語譯】

楚國有一個賣矛與盾的人，誇讚他的盾說：「我這盾的堅固，是沒有什麼東西可以刺入的。」又誇讚他的矛說：「我這矛的銳利，是沒有什麼東西不能刺入的。」有人問他：「用先生的矛去刺先生的盾會怎麼樣？」此人不能回答。

182. 鴻飛天首❶，高遠難明。楚人以為鳧，越人以為乙❷。鴻常一❸爾。

【章旨】

比喻事物在高遠難明時，易生違真之歧見。

【注釋】

❶天首　猶天際。❷乙　燕。❸常一　無變。

【語譯】

天鵝上飛天際，因其高遠，難以辨明是何鳥。楚人以為是野鴨，越人以為是燕子。然而天鵝依然是天鵝，並無改變。

183. 禹有進善之鼓，備訊唉❶也。

【注釋】

❶訊唉　問答。

【語譯】

禹設有供欲進諫善言者所擊之鼓，並準備問答。

184.虞舜灰於常羊❶，什器於壽邱❷，就時於負夏❸，未嘗暫息。頓邱❹買貴，於是販於頓邱；傳虛❺賣賤，於是債❻於傳虛。以均救之❼。

【章旨】

記舜在即位前，曾不停息地從事生產與經商，且能以己之力調節市場價格使之平衡。

【注釋】

❶灰於常羊　言在常羊燒製石灰。常羊，傳說之山名。❷什器於壽邱　言在壽邱製造多種日用器物。什，多。壽邱，古地名。故地在今山東曲阜東。❸就時於負夏　言趕時機經商至於負夏。負夏，地名。在東方地區。或云在衛地。❹頓邱　地名。春秋衛邑。今河南浚縣。❺傳虛　地名。所在不詳。❻債　購債。❼以均救之　謂以使物價平衡之措施來克服其起伏波動。即販物於頓邱，使貴的物價下降；購債於傳虛，使賤的物價上升。

【語譯】

虞舜在常羊燒製石灰，在壽邱製造多種日用器物，趕時機經商於負夏，不曾作短暫的休息。見了頓邱買賣的物價昂貴，於是將貨物販運至頓邱；看到傳虛買賣的物價低賤，於是在傳虛購債。用平衡物價的措施來克服其波動起伏。

185.蔡威公❶閉門而哭，三日泣盡，繼以血。其鄰窺牆❷，問曰：「何故悲哭？」答曰：「吾國且❸亡。吾聞：病之將死，不可為良醫；國之將亡，不可為計謀。吾數諫吾君，不用，是知將亡。」

【章旨】

記威公見蔡國將亡，而諫其君不聽，故極其悲痛。

【注釋】

❶蔡威公　蔡國之威公。蔡，周分封諸侯國。地處今河南東南、安徽東北一帶。西元前四四七

年為楚所滅。威公，蔡臣名。疑「威」為其姓氏。❷窺牆　在牆上觀看。❸且　將。

【語譯】

蔡國的威公關門哭泣，哭了三天，淚水哭乾了，隨後流出血來。他的鄰居在牆上看到了，問他：「為何如此悲痛地哭泣？」回答說：「我們的國家將要滅亡。我聽說：生病到了將要死亡之時，好的醫生也不能醫治；國家將要滅亡了，有計謀也不能挽救。我多次規諫我們的君主，不被採用，因此知道將要滅亡了。」

186. 不避遠昵❶。

【注釋】

❶遠昵　遠近。遠指遠祖之廟，近指禰廟（先父之廟）。語見《尚書・商書・高宗肜日》「無豐

于昵」釋文引。

【語譯】

不迴避遠近。

187.解門以為薪，塞水以為田，雖有小利，而所喪多矣。

【語譯】

劈門戶用來作柴火，堵塞水源用來造田，雖有小利，然而所失者多。

188.孔子曰：「惡人者，人惡之。知得之己者，亦知得之人。所謂不出環堵❶之室而知天下者，知及❷之己者也。」

【章　旨】

指孔子能推己及人，故可以知天下。

【注　釋】

❶環堵　四周土牆。❷及　猶「得」。

【語　譯】

孔子說：「憎惡他人的人，他人也憎惡他。知道有所得於自己的人，也會知道有所得於他人。所謂不走出四周土牆的居室而能知道天下之人，是由於有所得於自己的緣故。」

文學的・歷史的・哲學的・宗教的 古籍精華 盡在三民

古籍今注新譯叢書

哲學類

新譯四書讀本
新譯論語新編解義
新譯學庸讀本
新譯孝經讀本
新譯易經讀本
新譯乾坤經傳通釋
新譯周易六十四卦經傳通釋
新譯易經繫辭傳解義
新譯禮記讀本
新譯儀禮讀本
新譯孔子家語
新譯老子讀本
新譯帛書老子
新譯老子解義
新譯莊子讀本
新譯莊子本義
新譯莊子內篇解義
新譯列子讀本
新譯管子讀本
新譯墨子讀本
新譯公孫龍子
新譯晏子春秋
新譯鄧析子
新譯荀子讀本
新譯尹文子
新譯尸子讀本
新譯鶡冠子
新譯鬼谷子
新譯韓非子
新譯呂氏春秋
新譯韓詩外傳
新譯淮南子
新譯春秋繁露
新譯新書讀本
新譯新語讀本
新譯潛夫論
新譯論衡讀本
新譯申鑒讀本
新譯人物志
新譯張載文選
新譯近思錄
新譯傳習錄
新譯呻吟語摘
新譯明夷待訪錄

文學類

新譯詩經讀本
新譯楚辭讀本
新譯文心雕龍
新譯六朝文絜
新譯世說新語
新譯昭明文選
新譯古文觀止
新譯古文辭類纂
新譯樂府詩選
新譯古詩源
新譯千家詩
新譯詩品讀本
新譯花間集
新譯南唐詞
新譯絕妙好詞
新譯唐詩三百首
新譯宋詩三百首
新譯宋詞三百首
新譯元曲三百首
新譯明詩三百首
新譯清詩三百首
新譯清詞三百首
新譯唐人絕句選
新譯拾遺記
新譯搜神記
新譯唐才子傳
新譯唐傳奇選
新譯宋傳奇小說選
新譯明傳奇小說選
新譯容齋隨筆選
新譯明散文選
新譯明清小品文選
新譯人間詞話
新譯白香詞譜
新譯幽夢影
新譯菜根譚
新譯小窗幽記
新譯圍爐夜話
新譯郁離子
新譯歷代寓言選
新譯賈長沙集
新譯揚子雲集
新譯建安七子詩文集
新譯曹子建集
新譯阮籍詩文集
新譯嵇中散集
新譯陸機詩文集
新譯陶淵明集
新譯江淹集
新譯庾信詩文選
新譯初唐四傑詩集
新譯駱賓王文集
新譯王維詩文集
新譯孟浩然詩集
新譯李白詩全集
新譯李白文集
新譯杜甫詩選
新譯杜詩菁華
新譯高適岑參詩選
新譯昌黎先生文集
新譯劉禹錫詩文選
新譯柳宗元文選
新譯白居易詩文選
新譯元稹詩文選
新譯李賀詩集
新譯杜牧詩文集

新譯李商隱詩選
新譯范文正公選集
新譯蘇洵文選
新譯蘇軾文選
新譯蘇軾詞選
新譯蘇轍文選
新譯曾鞏文選
新譯王安石文選
新譯唐宋八大家文選
新譯柳永詞集
新譯李清照集
新譯辛棄疾詞選
新譯陸游詩文選
新譯歸有光文選
新譯唐順之詩文選
新譯徐渭詩文選
新譯薑齋文集
新譯顧亭林文集
新譯納蘭性德詞
新譯方苞文選
新譯鄭板橋集
新譯袁枚詩文選
新譯李慈銘詩文選
新譯聊齋誌異選
新譯閱微草堂筆記
新譯浮生六記
新譯弘一大師詩詞全編

教育類

新譯爾雅讀本
新譯顏氏家訓
新譯聰訓齋語
新譯曾文正公家書
新譯三字經
新譯百家姓
新譯幼學瓊林
新譯增廣賢文·千字文
新譯格言聯璧

歷史類

新譯史記
新譯漢書
新譯後漢書
新譯三國志
新譯資治通鑑
新譯史記——名篇精選
新譯尚書讀本
新譯周禮讀本
新譯逸周書
新譯左傳讀本
新譯公羊傳
新譯穀梁傳
新譯春秋穀梁傳
新譯戰國策
新譯國語讀本
新譯說苑讀本
新譯新序讀本
新譯吳越春秋
新譯西京雜記
新譯列女傳
新譯越絕書
新譯燕丹子
新譯東萊博議
新譯唐六典
新譯唐摭言

宗教類

新譯金剛經
新譯高僧傳
新譯碧巖集
新譯百喻經
新譯楞嚴經
新譯梵網經
新譯圓覺經
新譯法句經
新譯六祖壇經
新譯禪林寶訓
新譯維摩詰經
新譯經律異相
新譯阿彌陀經
新譯無量壽經
新譯妙法蓮華經
新譯景德傳燈錄
新譯大乘起信論
新譯釋禪波羅蜜
新譯八識規矩頌
新譯永嘉大師證道歌
新譯華嚴經入法界品
新譯地藏菩薩本願經
新譯悟真篇
新譯无能子
新譯坐忘論
新譯列仙傳
新譯抱朴子
新譯神仙傳
新譯性命圭旨
新譯老子想爾注
新譯周易參同契
新譯道門觀心經
新譯養性延命錄
新譯樂育堂語錄
新譯沖虛至德真經
新譯長春真人西遊記
新譯黃庭經·陰符經

地志類

新譯山海經
新譯水經注
新譯佛國記
新譯大唐西域記
新譯洛陽伽藍記
新譯徐霞客遊記
新譯東京夢華錄

政事類

新譯商君書
新譯鹽鐵論
新譯貞觀政要

軍事類

新譯孫子讀本
新譯司馬法
新譯尉繚子
新譯三略讀本
新譯六韜讀本
新譯吳子讀本
新譯李衛公問對

國家圖書館出版品預行編目資料

新譯尸子讀本／水渭松注譯;陳滿銘校閱.－－二版一刷.－－臺北市：三民，2021
面；　公分.－－(古籍今注新譯叢書)

ISBN 978-957-14-7320-8（平裝）
1. 尸子 2. 注釋

121.821　　110017208

古籍今注新譯叢書

新譯尸子讀本

注譯者　水渭松
校閱者　陳滿銘

發行人　劉振強
出版者　三民書局股份有限公司
地　址　臺北市復興北路 386 號 (復北門市)
　　　　臺北市重慶南路一段 61 號 (重南門市)
電　話　(02)25006600
網　址　三民網路書店 https://www.sanmin.com.tw

出版日期　初版一刷 1997 年 1 月
　　　　　二版一刷 2021 年 11 月
書籍編號　S031190
I S B N　978-957-14-7320-8

三民書局